UN METIS AU

CANADA : VOICI SA

PETITE HISTOIRE!

L'ENGAGEMENT

Canada !

Québec !

Québec City !

8Ham !

Il est exactement 8ham, ici, au Québec.

Il fait froid dehors !

On a la même heure que celle d'un petit village qui est quelque part sur la côte atlantique, en Amérique latine.

Je suis dans mon bureau, loin du village.

Il se trouve à plus de trois mille nautique de moi.

C'est le moment de dire bonjour à mon auditoire, mon auditoire virtuel qui, lui aussi, est à trois mille nautique du Québec.

Ils sont en Amérique Latine, dans un petit village, à Carthagène, en Colombie.

Ils sont là-bas dans un centre particulier que j'ai monté, il y a de cela deux ans. Je les vois, tous, sur mon grand écran. Depuis mon bureau, je vois des visages habituels. D'autres me sont inconnus. Mais, j'ai leurs noms devant moi, sur le petit écran. Comme d'habitude, ils sont chaleureux. Je sens la tension quand j'entends, par moment, en espagnol :

- ''*Hola, senor* !

Moi, de mon coté, je réponds :

-'*bonjour* !''

Aujourd'hui, ils sont une trentaine à me suivre dans le Centre de Formation Spécialisée à Distance ou C.F.S.D, le vingtième installé, depuis les deux dernières années. Généralement, avant ces séances, j'écoute pour une millième fois certains de mes succès préférés. Ce matin, j'écoutais tour à tour :

- ''*Quand les hommes vivront d'amour*'',

- ''*le monde est stone*'' et,

- '*pour faire ta connaissance*''.

Par moment, comme un initié sous la transe, je laissais la musique coller à ma peau et, pour garder l'équilibre, je jetais un coup d'œil à la fenêtre pour me faire l'idée d'être, par télépathie, sur la côte atlantique. Ce faisant,

Je retrouvais, peu à peu, mon souffle humaniste et je disais, chaleureusement, à ma salle :

''Buen dias ! Ou Bonjour !''.

C'est ainsi, que je commence toujours mes séances.

Celle de matin est la centième.
Elle est montée en trois séquences.

Durant les premières minutes, j'analyse avec eux des concepts, un peu académiques. Ils concernent particulièrement le microcrédit, la finance, la création d'entreprise et la gestion des petites entreprises. Parfois, je laisse quelques intervenants prendre le relais pour parler de leurs expériences personnelles. D'autres fois, je préfère écouter toute la salle. Chaque participant intervient alors pour expliquer les problèmes des 'M.E'' de leurs zones. J'utilise souvent ce sigle pour faire référence à MicroEntreprises. L'auditoire est habitué à l'usage de ce sigle.

La dernière fois, toute la séance a été consacrée à ce concept. En professionnels avertis, on parlait du progrès de nos ''M.E''. On parlait aussi des coopératives de la zone car, depuis ma dernière rencontre avec Victor Baetz, plus d'une dizaine ont été montées dans la zone. On en reparlera après, particulièrement de l'histoire de Baetz.

Je consacre toujours la seconde partie de la séance à la présentation des projets. Ainsi, je laisse mes participants prendre encore le relais ; ils présentent alors, à toute la salle, les dernières initiatives du mois.

Je vois arriver sur l'écran, les dernières surprises, en version numérique, comme :

- un projet de plantation de cactus, avec une vingtaine de variétés,
- Un programme d'exportation de cacao ou de café vers le Canada,
- Un projet de transformation des déchets en gaz propane,
- Un projet de plantation de ''Moringa'' sur des espaces d'au moins cent hectares, sur la côte atlantique,

- etc.

De mon coté, je leur montre aussi les dernières commandes. Elles viennent particulièrement des entreprises du Québec. Par exemple, pour le projet de cacao et de café, une dizaine de restos sont déjà prêtes à les commander. Pour les rassurer, j'ajoute toujours :

> 'Il n y a pas de risque. Les banques feront les suivis. Il y aura une banque, ici au Québec, et une autre, là-bas, chez vous. Elles feront le reste. Pour le moment, vous n'avez qu'à m'envoyer les échantillons.''

Cela dit, j'actualise mon calendrier de rencontres, celui que je dois terminer durant la semaine car je connais les vrais intéressés, les patrons des restos. Je les ai rencontrés, il y a de cela quatre ans, durant mes services à l'AgentPRO, une entreprise de distribution. On en reparlera après.

Enfin, à la dernière phase de la séance, je laisse toujours libre choix aux participants, pour les discussions. Ils s'échangent alors les dernières informations du mois. Parfois, je mets en liaison, trois auditoires, c'est-à-dire : Québec, El Limon et Bogota. Depuis mon bureau, j'interviens par moment pour mettre à jour les informations, les discussions ou les mots, selon leurs contextes. C'est ainsi, que se créent des amitiés profondes, entre ces participants. Ces derniers temps, je vois souvent, Ramon (un éleveur à San-José) confirmer une livraison à Juan (un promoteur à Panama). Il dit alors :

Ramon : *J'ai envoyé la commande samedi dernier. Ils sont au nombre de trois cent unités.*

Juan : quel est le prix par tête?

Ramon : *Euh... un moment...''*. Ajoute Ramon.

En les entendant se communiquer, sur ce ton de bons copains, je conclus qu'il y a eu des échanges durant la semaine, avant la séance. Sous la mêlée, j'entends aussi des commentaires de la part des participants, aussi encourageants que plaisants, sur le grand écran bien sûr ! Ainsi, pour rappeler l'objectif du centre, j'ajoute, amicalement mais sèchement :

Moi : Oh, non ! C'est l'objectif du centre !

On est là pour les rencontres !

On est ici pour la promotion !

On travaille pour les échanges !

Souvent, durant les dernières minutes toujours joviales, je ne pense qu'à faire un grand pas, 'celui **d'UN GEANT** ' pour me retrouver, là-bas, parmi eux, derrière l'écran, sur la côte atlantique. ''*Je le fais quand même, en pensée, avec mon grand écran*'', me dis-je discrètement.

D'ailleurs, à l'instar d'un gourou, j'ai en tête l'image d'un tunnel aérien, s'élevant au dessus des nuages, afin de relier toute l'Amérique latine (avec ses six millions d'âmes) à tout le Canada, à Québec notamment. C'est probablement, ce que font les grandes entreprises de communication de ce pays. Parfois, un petit 'Hola !, un petit 'Dime mi Amor !'' ou un 'Como esta !'', par téléphone, vous apporte toute la chaleur du continent, réconfortant votre âme transie dans le froid et la solitude d'ici.

Généralement, pour me taquiner, en fin de séance, un des participants, Señor Claudio, me dit :

Claudio : ''Costa Rica, Por la Vida ! Ou Costa Rica pour la Vie''.

C'est ainsi que prend fin la séance. Toujours, dans une ambiance désopilante. Généralement, je demande à Claudio de transmettre à des salutations d'usage à 'Margarita'' (que j'appelle *Gita !),* sa petite maman que j'ai rencontrée une fois, lors d'une visite de terrain. En effet, dès le premier regard, elle m'a dit affectueusement : ''Hijo mio !''(Mon fils !) en vue de me signifier son pacte d'adoption. Depuis lors, j'accepte volontiers d'etre son fis et je n'oublie jamais de lui transmettre mes salutations affectueuses.

Pour entretenir la complaisance, je réserve une surprise -une réplique de dernière minute- pour Claudio. A la prochaine séance, il sera présent. Je le rattraperai et je dirai :

-Québec, por la vida ! Ou Québec, pour la vie !

En mettant fin à ces rencontres, je repasse souvent en mémoire les belles images de ce continent, celles de mon enfance, notamment. J'y vois toujours les images luxuriantes de la fleur ''hibiscus''. Comme dans la Caraïbe, elles offrent à l'allée des maisons toute la dimension mystique, toute la chaleur flamboyante du village. C'est elle qui tient le colibri en équilibre. A chaque ruelle, je vois toujours en pensées, sur les murs, le rouge vif qui rappelle le combat des coqs, le carnaval de Barranquilla et le sang d'esclave qui coula jadis dans ce lieu, à Cartagena. Enfin, à la levée du jour, les chants des coqs appellent à l'engagement. Là-bas, sur la cote atlantique, les mots ont une âme. Ils n'ont pas d'équivalent, ici, au Québec. Les mots ''parler'', par exemple, a une autre signification. Il y a des mystères là-bas que j'apprends depuis l'enfance. Par exemple, jusqu'à récemment, on me dit qu'un tunnel souterrain, partant de l'ancienne Saint Domingue, arrive jusqu'à cette ville. Il se termine à Bahia, au Brésil. On me dit aussi que les esclaves l'empruntaient jadis. Ils ont apporté, dit-on, la fleur (disons : la plante) hibiscus à Saint Domingue.

Par dessus tout, c'est le continent, en entier, qui m'intéresse, pour sa particularité, pour sa verdure. Il est semblable à un 'hippocampe géant'', en partance d'Afrique de l'ouest vers l'Australie - il y a de cela des millions d'années. Piégé entre deux océans, il offre, aux voyageurs de l'espace, toute sa couverture verdoyante -la grande Amazonie- qui rassemble plus d'une dizaine de pays.

Récemment, j'explorais, sur ma carte virtuelle, certaines villes de la cote atlantique, telles : Cartagena, San Jose, Santiago et Panama. J'y voyais les mêmes infrastructures. Je repassais, aussi, en mémoire certains villages que j'ai déjà visités durant les séances de formation. Je constate que les problèmes sont pareils. A part cela, je suis toujours conquis par la gentillesse des gens et leur sens d'ouverture.

Souvent, je mets sur un même plan, toutes les grandes villes de la zone. Je regroupe ainsi: 'Cartagena de Colombie', 'Santiago de Cuba', 'Negril de Jamaïque' et ''Port au Prince' d'Haïti. Je remarque qu'elle n'est qu'une mosaïque, une plateforme culturelle offrant, quasiment, les mêmes musiques, les mêmes plats et la même chaleur. En écoutant, par exemple, la musique ''Cumbia' de la Colombie, je constate que le rythme est celui que j'ai déjà entendu dans le *Yanvalou* et le *compas* d'Haïti. Il est également celui que j'ai savouré dans la *Taratibu* de la Jamaïque et dans la *rumba* de Cuba. Les battements des tambours sont les mêmes. L'avenue de la Barranquilla en Colombie est semblable, grandeur nature, à celle d'Haïti, localisée à Jacmel, notamment pour leurs Carnavals. Je compare toujours cette zone à un amphithéâtre en pleine mer ; elle est en parfaite préservation, invisible mais efficace, par le grand courant du 'Gulf Stream'' qui traverse, en profondeur, le Golfe du Mexique. Pour la délimiter, je pars souvent de Carthagène des indes (en Colombie), prenant le canal du Panama, en passant par Veracruz (au Mexique) et la Jamaïque, pour me trouver finalement à Port-au-Prince, sans oublier la Nouvelle-Orléans et Cuba.

Tels sont les souvenirs qui se renouent en moi à la fin de chaque séance. Le C.F.S.D n'est qu'une ouverture, un exutoire ou une connexion entre moi et cette ville mystique et mystérieuse, entre Québec et Cartagena. A mon échelle, je l'utilise comme un moyen d'arbitrer entre le '*froid (réel et* en abondance ici, au Québec) et la *chaleur (aussi réelle et* en abondance) là-bas, dans cette ville et dans la Caraïbe. Ainsi dit, à coté de ma passion pour la formation à distance, je consacre aussi la majeure partie de mon temps à la musique. En effet, j'étais au '*Petit Moulin*' pour la énième prestation.

Je suis aussi musicien et je fais partie d'un

groupe, un groupe musical.

Il s'appelle : BaGaVah ou B *!*

Je l'ai moi-même monté depuis deux ans.

L'idée m'est venue après ma rencontre avec un

certain Petter, un producteur de disques qui

travaille pour le Gouvernement d'ici. Son

entreprise ''Folies d'Artiste' recherche, puis

assure la promotion, des talents.

A date, nous formons un corps de cinq membres,

des pros. Le groupe est composé de,

respectivement :

- Rodrigo comme chanteur (je l'appelle

  Digo), qui est, à la fois, Brésilien et

  Colombien,

- Rotchild, le pianiste (il s'appelle: Le Chez), qui est américain,

- Rayan, le guitariste (pour moi, c'est : Yan), lui, il est Canadien,

- J'ai un talentueux batteur qui s'appelle Raphael ou Rafo, il est Canadien également mais d'origine française,

- Mégane, ou Diane est, la chanteuse. Elle est aussi arrangeuse. Elle est Canadienne,

- Moi-même, Xavier, le compositeur et arrangeur. Je joue aussi de la guitare.

Au moment du lancement, j'ai proposé plusieurs noms, de consonance anglaise et française. Certains sonnaient comme :

- *P'titRose,*

- *En Course,*

- *La **Bagava ou** B!*

- *In Race Band ou **I.R.B** comme sigle.*

- *l'Intrépide,*

- *La Brise,*

- *Balle d'or,*

- *etc.*

Dans la liste, on a retenu ''**Bagavah** ou B!

On le retient simplement pour faire allusion à

l'âme indienne. Nous encourageons la conquête

de soi, par la musique ! Mais, le principal

objectif est de rappeler le concept indien :

le ''*Bhagavad-Gita*''.

Quant au logo, j'ai voulu qu'il soit le plus

métaphorique que possible. On a adopté un

symbole semblable à deux pas. Ce sont deux ''pas'' en course. Il est en forme de ''B'' !, un grand 'B'' gothique !

Au moment du lancement, j'avais en liste une trentaine de compositions, finies et arrangées. J'y mélangeais toutes les tendances. J'y mettais, notamment, du jazz, de la Bossa nova, de la samba, du reggae. Dans la plupart, j'y ajoutais aussi le rythme du compas, de la cumbia, de la Soca, du tango, du style classique et de la salsa.

Notre dernière prestation était apparemment réussie. Nous étions au *''vieux Moulin'*, une discothèque du centre ville, canadienne. Durant l'ambiance, notre bande ''BaGaVa'' a

24

offert dix de ses meilleurs morceaux. Le public était satisfait, apparemment.

Je rencontrais aussi un vieux ami ''Senor Shlomo Azneck. Je l'ai tout de suite reconnu. C'est un entrepreneur, apparemment juif. Il travaille, me dit-il, à un Ministère clé du Canada. Je l'ai rencontré pour la première fois sur la ''*Place des Lauriers*'', il y a de cela deux ans. Puis, on s'est revu au '*Van Gogh Resto*''. Le mois dernier, je crois l'avoir aperçu sur la place mais j'avais des doutes. On en reparlera plus tard.

Cela dit, je partage ma vie entre deux projets, le 'C.F.S.D', pour les formations à distance et la 'BaGaVa'', pour la musique. Je consacre aussi mon temps à l'écriture. Pour le moment, je termine mon second roman. J'ai retenu un titre lors de ma dernière visite sur ''*La Place des Lauriers*'', l'un de mes endroits préférés. C'était le mois dernier.

Je suis encore dans la trentaine. Je viens d'une famille, à la fois, latine et caribéenne. Je suis arrivé dans ce pays, il y a de cela cinq ans. Pour le moment, ma mémoire appartient à ce pays. Le reste de mon histoire est dans un minuscule état de la Caraïbe et un vaste territoire de l'Amérique du Sud, sur la cote atlantique.

Je doute encore du temps à utiliser pour vous exposer mon histoire. J'utiliserai le temps ''présent' pour rendre les événements 'actuels'' et ''vivants'. J'utiliserai aussi le passé selon les besoins de l'allocution.

Je m'installe dans mon salon. Il commence à faire froid dehors. Je ferai mon exposé parfois en mode ''récit' comme ma visite mensuelle sur la Place des Lauriers; d'autre fois, à la volée sans égard à la chronologie des événements. Je vous conterai aussi l'essentiel de mes rencontres et des leçons apprises, de certains amis. Nous devons nous rendre sur la *Place des lauriers''*, il y a de cela un mois.

LA

SURPRISE

Aujourd'hui, je cumule exactement quatre ans et onze mois dans ce pays.

Pour le moment, je consacre ma vie entre trois projets.

Depuis la matinée, je suis ici, dans l'un des endroits que j'aime au Québec, précisément, Québec city.

Je suis sorti très tôt ce matin afin de me rendre sur la ''*Place des Lauriers*'' ; l'une des plus anciennes places de la ville. Il est déjà 11hAM et je suis là depuis 8h, presqu'au centre de ce vaste endroit. Je suis assis sur le banc qui porte l'inscription, à peine visible: *banc des vainqueurs* ! Je me trouve près d'un vieil érable qui, lui aussi, est marqué de profondes plaies. Elles montrent la longévité de cette place.

En effet, depuis ma position, j'observe, à ma droite, le grand château qui dissimule, à l'arrière, une partie de la ville. A ma gauche, je vois l'ancien port, au sud de la grande baie. Il me dit que ce lieu était stratégique dans le passé. Il était surement un port marchand.

En face de moi, se dresse à la verticale, une fabrication indienne qui a la forme d'une pirogue. Selon moi, les Indiens se rendaient directement à la baie, depuis cette place.

Là où je suis, je vois le trajet emprunté par les paquebots - sur la baie. Ils partent généralement vers le sud. A l'intervalle de vingt minutes, un avion arrive du sud et se perd derrière les immeubles. Ils viennent sûrement des États Unis.

Par moment, un vent frais amène jusqu'à moi, les dernières brises de la mer et les dernières feuilles d'érable. Elles annoncent déjà la transition entre les deux saisons. Je les retiens alors, celles qui tombent à mes pieds. Avec mon souffle, je retiens les autres qui finissent sur mon visage. Je respire leurs odeurs comme pour sentir l'âme de l'arbre, de l'érable bien sûr ! On me dit qu'elle (l'âme de l'arbre) est dans la feuille. Pour les retenir, je fais une grande moue, avec mon visage, que certains passants regardent avec étonnement.

A coté de cette vue panoramique, la place exhibe son charme pittoresque. Au centre, elle étale sa pelouse verdoyante, garnie aux extrémités, de rangées de fleurs exotiques. Ce sont, peut-être, des fleurs de lys et des frangipaniers. Au centre toujours, se dresse une statue de femme- moyenne pour sa taille. Elle est faite en marbre et porte une inscription du genre : ''*Carmen* – T.G''. Elle est suivie d'une autre statuette, qui précise :''*Ballades des pendues* ! F.V''. En gros, une vingtaine de statues orne cette place. Elles la rendent captivante et mystique, pour les visiteurs, solitaires en quête d'inspirations.

Par moment, on entend aux alentours des citations. Elles font penser, tout à coup, à une 'voix invisible' sortant des arbres. Elle ne cite que des références littéraires.

Lors de ma dernière visite, j'ai été pris d'assaut par un groupe d'artistes. L'un d'eux me fixait et me disait, en langage, grave et moyenâgeux :

> '*'Frères humains qui après nous vivez.*
>
> *N'ayez les cœurs contre nous endurcis.*
>
> *Car, si pitié de nous pauvres avez*''

Son ton était un ton grave, très grave !

Dans l'intervalle, un autre intervenait et ajoutait:

'Vous nous voyez ci attachés, cinq, six:

Quant à la chair, que trop avons nourrie,

Elle est piéça dévorée et pourrie.'

En les entendant, je ne pensais qu'à la *''Ballade des pendues''*, celle qui parle de la vanité de la vie. Ce matin encore, en arrivant ici, je regarde la statue d'en face et je vois l'inscription qu'elle porte à son pied. Elle porte, à juste titre, le nom de François Villon.

Aujourd'hui, je suis là, sur la place, pour un projet spéciale. Il prend de l'ampleur au fur et à mesure que passent les heures. D'un regard indiscret, j'observe les passants aussi. J'imagine de temps à autre, leurs préoccupations en suivant leurs démarches. Le jeune homme, par exemple, d'apparence asiatique, est tellement préoccupé avec son téléphone qu'il me paraît un entrepreneur. En sortant de la façade ouest, il part en courant vers le sud, en direction d'un grand centre d'affaire. Au retour, je le vois en possession d'un grand colis qui a le logo d'une marque de voiture. Il dit alors au téléphone :'' *le modèle correspond au marché. Je vais au port maintenant*''.

La femme âgée, celle de grande taille, accompagnée des membres- peut-être- de sa famille, est certainement de passage au

Québec. Je l'entends dire : ''Cuidado ! *Prenez toute la famille en photo. Je ne sais pas quand je reviendrai ici. !*''

Ainsi, comme spectateur, je me laisse bercer par le vent venant de loin. Parfois, je ferme les yeux, oubliant mon entourage, pour penser à mon avenir dans ce pays.

Je retiens, par moment, mon souffle et je reste immobile sur mon banc.
Tout devient calme, calme.

Au réveil, je relis quelques annonces dans le quotidien du jour, le plus lu d'ailleurs. J'aime particulièrement les annonces commerciales. En les feuilletant, je tombe parfois sur des offres extrêmement intéressantes.

Celles d'aujourd'hui concernent notamment la construction. En les lisant, je comprends combien ce secteur est dynamique ici, au Québec. Certaines précisent par exemple :

''Entreprises spécialisées dans la construction de maisons préfabriquées : Structure métallique ou en béton''.

En fin de publicité, elles ajoutent encore: 'Délai de construction : trois mois !''.

En les lisant, je pense tout de suite à ce que m'a confié mon ancien client. Un promoteur immobilier, dans la Caraïbe, qui s'appelle Dick. Lors d'une visite -une construction d'appart-condos - il m'a dit avoir pris cinq ans pour le terminer.

Ces annonces me montrent combien ce besoin est réel, en dehors de ce pays. ''*Je crois qu'un promoteur, comme Dick, recherchent des entreprises comme celles-ci pour leurs expertises. 'Il est quelque part en Afrique! Dans la Caraïbe ! Ou en Amérique Latine ! Je peux leur faire parvenir ces annonces. Je peux faire de la promotion pour ces entreprises !. Je serai alors un intermédiaire*''*, me dis-je discrètement. Mais, je laisse en apnées ces initiatives, étant préoccupé par d'autres activités pour le moment.

Entre temps, je suis rappelé à la réalité par la sonnerie d'un petit engin que, cinq minutes plus tard, je reconnais comme un appareil téléphonique. Selon moi, le concepteur l'a créé expressément pour le regard, pour l'attention. De par sa forme, il rappelle les engins de ''Transformers''. J'y vois tour à tour, une radio, un petit téléviseur, un jeu vidéo et une caméra. Parfois, j'y vois une balle de ping-pong, un stylo voire un micro.

Je reste émerveillé devant ce spectacle. Mais, comme ancien entrepreneur, je l'interprète autrement. Il me fait penser à certaines entreprises, en dehors du Canada et à certains clients émotifs qui sont de vrais prospects. *'Dans un grand réseau de distribution, elles vendraient ces jeux aux prix d'or. Ces clients les achèteraient à n'importe quel prix. Je serai un intermédiaire, entre les deux''*, me dis-je encore.

Une fois de plus, je mets mon journal de coté pour ne pas céder aux rêveries; pour le moment elles me sont inutiles.

Il est déjà 11ham.

Je suis sur la place.

J'y suis pour d'autres objectifs.

Étant formateur et musicien, j'observe silencieusement ce qui se passe aux alentours.

J'interprète à ma manière le déroulement des évènements.

Par moment, j'observe, de loin, le parcours des paquebots. Ils montrent des voyageurs faisant des signes d'adieu à la ville. Parfois, j'arrive à scruter, de loin, certaines phrases comme : *t'es ma seconde maison ! Great Québec* !. ''*Apparemment, il faut sortir de loin, pour comprendre les mystères de cette ville*'', me dis-je. C'est peut-être le cas de ce petit village, à Carthagène. Ainsi, j'arrive à garder mon esprit éveillé, oubliant le spectacle offert, de loin, par les paquebots.

Vers la mi-journée, quelques heures après avoir lu les annonces, une scène inédite a retenu mon attention. Elle concerne, cette fois-ci, un groupe d'écoliers âgés de dix à 15 ans. Je les ai vus arriver dans la même direction que l'homme d'affaire, apparemment, japonais.

Au nombre de trente, ils avancent, à pas synchronisés, en chantant. Ils avancent en bandes de dix. A la fin du groupe, je remarque le chef d'équipe, une femme d'environ tente ans, d'air européenne. Elle ne cache pas sa mine sévère, rigoureuse.

Avec une air décidée, semblable aux anciens viking, elle se dresse au centre de la place. Sur la pelouse, elle réserve alors un espace pour un événement qui, par sa détermination, mérite l'attention, l'attention de tout le monde. Selon moi, tout était prévu pour réunir les passants.

Tout à coup, une dizaine d'écoliers se mettent en rang. Debout et côte-à-côte, ils montrent des mots attachés à leurs dos. Ce sont des concepts génériques, écrits en gras sur des panneaux rectangulaires. Jusque là, ce sont concepts flous, pour moi d'abord et pour l'auditoire ensuite. En m'y approchant, je lis des mots comme : liberté, tolérance, imagination, prise de risque, ouverture, créativité, éducation, innovation, excellence et réussite.

Tour à tour, la scène commence à s'animer lorsque l'autre groupe de dix écoliers, est venu se pointer à l'extrémité de la première ligne. Les deux forment tout à coup un angle de quatre-vingt dix degré. A leurs dos, je lis encore des inscriptions, du genre: génération, jeunesse, université, politique, économie, infrastructure, frontière, immigration, race et femme.

Finalement, à l'appel du chef d'équipe- la professeur - chaque écolier, prix dans une troisième bande, vient se pointer dans une intersection, exactement entre les deux premières bandes. Selon les consignes, ils ont pour mission de choisir un membre dans chaque ligne. En récupérant leurs panneaux, ils les renvoient ensuite à leurs places. Ce qui a été fait par intervalle.

Cependant, la scène devient ludique lorsque, avec une rhétorique inouïe, l'intervenant commence à expliquer quelque chose que, depuis ma position, je ne saisis que superficiellement. Je les vois arriver et repartir en reprenant le même exercice, comme un tribun. En parallèle, j'entends aussi la professeur répéter, à chaque tour, ''pourquoi ? Pourquoi ? Et pourquoi ?''

En suivant la scène, je me fais une représentation- un peu géométrique - de l'événement. Je mets alors un groupe d'élèves en abscisse et l'autre en ordonnée. Je constate que le jeu est plus rhétorique que le je pensais. Il s'agit, en effet, d'un jeu de société. A chaque intervention, deux concepts sont combinés en vue de réunir deux concepts comme : immigration-tolérance ou économie-ouverture.

Sur mon banc, comme un bon amateur, je prends part virtuellement au jeu, en me mettant dans une intersection. Je choisis, moi-même, ''économie-ouverture'', croyant en une économie compétitive et ouverte. Au fur et à mesure, je commence à me rendre compte de l'envergure de l'événement, pensant à sa rediffusion au reste du pays. J'y vois alors l'ampleur des polémiques.

Au fait mon travail- *comme formateur et compositeur/musicien*- est fait, entre autres, d'observation. Je recherche toujours, dans de tels événements, la substantifique moelle. J'y découvre toujours les ingrédients d'une bonne œuvre. J'y découvre également un cheminement quelconque vers la méditation. Voilà pourquoi je suis ici, sur la 'Place des Lauriers'. Je le fais une fois par mois et j'y trouve toujours de quoi explorer (disons : de quoi exploiter !)

Après une trentaine de minutes, certains passants sont venus se placer dans une intersection, voulant accaparer le travail aux élèves. Ce qui a été fait. D'ailleurs, quelques temps après, tout l'auditoire a pris le leadership des débats. Au fur et à mesure, je les vois (les élèves) vider la ''*Place des Lauriers*'', reprenant calmement leurs panneaux. Ils partent, surtout, avec un sourire candide montrant leur satisfaction.

Entre temps, des groupuscules continuent leur

part de discussion, entre eux, en mode adulte

bien sûr !

Par contre, dans mon coin, un silence s'impose

encore !

Là où je suis, la place devient vide!

Le silence s'impose !

Aux alentours, ce sont les feuilles qui

parlent !

Il est environ 13hpm.

Je reprends petit à petit mon esprit, ignorant

le déroulement des événements aux alentours.

C'est le calme !

C'est le silence !

Une fois de plus, je suis rattrapé par un récital, celui d'un inconnu. Il veut prendre, à sa manière, la commande des évènements. Sa citation - qui rappel Gauthier - ne dit rien tant que vous n'imaginez pas la voix de Quasimodo dans la scène 'Notre Dame de Paris'. Il dit alors :

''*Carmen est maigre, Un trait de bistre !*

Cerne son œil de gitana !

Ses cheveux sont d'un air sinistre !

Sa peau, le diable la tanna ! ''

Ensuite, simulant l'agonie, il conclut en se jetant sur la pelouse:

''*Tu quoque mi filii* ! Ou *Toi aussi mon Fils*', Là, je comprends qu'il ressuscite l'empereur dans sa dernière agonie. Pour ne pas céder, moi-même, à l'empathie, je me retourne vers mon voisin qui, lui aussi, est là depuis ce matin, près de moi.

Il est environ 15hpm.

Cela dit, après quelques minutes, je décide de partir, étant satisfait des leçons apprises, des événements dont j'ai été, moi-même, témoin. En revanche, d'instinct, avant de le faire, je me laisse gagné par un désir de civilité coutumière : celle de parler ou de commenter les événements. Ainsi, je décide d'adresser mon voisin. En effet, à la fin de tels spectacles, il faut de quoi commenter, il faut trouver un interlocuteur pour les échanges, pour l'usage.

La 'Place des Lauriers' est reconnue, dans toute la région, pour son charme ''pittoresque'' et ses scènes, toujours, inédites. Généralement, j'y viens pour m'y intégrer et de retrouver davantage mon inspiration. En voulant donner suite à la la scène des élèves- je me tourne vers mon voisin, apparemment dans la soixantaine, je lui demande :

Moi : *quel est ton choix dans le jeu, celui des élèves?*''.

Sans hésiter, il me répond comme s'il s'attendait à la question :

Mon voisin : *je n'y vois pas. Il n y a pas de mots pour mon cas.*

Moi : *Quels sont-ils?* Lui dis-je en insistant.

Mon voisin : je choisirai: travail, échanges et paix.

Moi : elle est en trois étapes ?

Mon voisin : Exactement.

J'ai une autre question :

Moi : Dans la vie de tous les jours, qu'est-ce que je dois faire réellement pour m'impliquer dans la société? Jusqu'à maintenant, je suis un étranger ici. Je la trouve un peu bizarre, cette société''.

Là, mon voisin me regarde.

D'un œil qui me rappelle un ancien ami, il me dit :

Mon voisin : vas t'adresser au Ministre de l'orientation.

Moi : son adresse au Québec?

Mon voisin : je plaisante. Effectivement, je comprends la question.

Ecoute :

 J'avais exactement vingt ans lorsque ma famille a laissé le Maroc.

Ils voulaient s'installer en France.

C'était en 1975.

On laissait tout là-bas.

On allait recommencer quelque part, en dehors du Maroc, au Sud de la France.

On a monté deux petits restaurants, vers les années 1976, quelque temps après la guerre.

Avec le temps, nous avions vu grandir notre affaire.

Quatre ans après, exactement en 1980, ma famille a déménagé pour s'installer en Floride.

J'ai passé environ vingt-cinq ans là-bas.

Depuis une dizaine d'années, je fais des 'aller-retour'' entre ici et Miami, pour des raisons que je ne veux pas te dévoiler.

A part le froid, ce pays me convient.

Maintenant, je retiens une chose: le travail est la meilleure arme d'intégration.

Veuille m'excuser pour la longue histoire.

Pour répondre à la question, je peux dire que, dans mon cas, ce n'est que le travail. C'est la meilleure arme.

En le regardant, je ne pense qu'à un vieux ami : ''Shlomo Azneck''. Je l'ai rencontré l'an dernier, à la même date, au Van Gogh Resto. Mais, il était plus jeune, dans la quarantaine. Avec un air perplexe, je garde mon calme sans demander d'autres précisions.

A ma grande surprise, la voisine qui suivait l'exposé, se joigne à la conversation, voulant donner un plus à l'exposé. Elle ajoute avec autorité, en me fixant droit dans les yeux comme une tactique d'inscrire, au plus profond de mon mémoire, son point de vue personnelle (disons : sa compréhension du jeu):

Ma voisine : je crois qu'il est important de préserver la nature. Moi, je suis professeur de biologie maintenant. Si j'avais à recommencer, je choisirais la profession de chimiste.

Je prendrai la chimie organique.

C'est le métier de demain.

Il faut protéger le lendemain.

La pollution s'exporte aujourd'hui. Ajoute-t-elle.

Moi : *Donc, dans le jeu, qu'est-ce que tu choisirais?* Dis-je à cette femme, âgée d'une cinquantaine d'années.

Ma voisine : *A mon sens, ce serait :* nature, protection, biodiversité.

Malheureusement, ces mots ne sont pas ici. Dit-elle.

Dans la mêlée, un dernier intervenant, un jeune noir, d'une vingtaine d'années, ajoute :

Le jeune noir : *moi, je choisirais le sport.*

Je suis journaliste actuellement.

Nous pouvons offrir les meilleurs athlètes.

Dans toutes les disciplines !.

Moi, j'y crois.

On a de l'espace ici.

On peut courir plus vite que le jamaïcain.

Effectivement, le mot ''professeur'', prononcé antérieurement par ma voisine, confirme ce que j'ai compris quelques minutes plutôt. En effet, en suivant le jeune homme, je constate qu'elle avait plutôt un 'regard-parlant''. 'C'est un reflexe ! C'est instinctif chez les profs !'', me dis-je.

Entre temps, mon voisin, qui a parlé de Maroc et de France, me demande alors:

Moi voisin : *toi, qu'est-ce que tu choisis ?*

Je m'attendais, d'une manière ou d'une autre, à une telle question vu mes engagements, pris depuis les deux dernières années, dans deux projets. Mais, je n'ai jamais élaboré un plan d'intégration sinon des initiatives personnelles n'ayant aucun rapport avec ce qui m'a été proposé. En effet, elles viennent de loin, je les adapte à ce milieu. Le plan, s'il y en a, se rapproche de celui de mon premier voisin. Je leur réponds sans hésitation :

Moi : *moi, je veux être un créateur d'œuvres, un faiseur de projets.*
J'ai en tête l'image d'un GEANT.
Je ne sais pas…
Aujourd'hui on a les outils de la télécommunication.
Vous voyez ce que je veux dire ?

J'ajoute cette question pour me faire l'idée d'avoir dit quelque chose. Mais, leur silence me montre le contraire. Mon exposé a été mal compris. Tout à coup, mon voisin du Maroc ajoute:

Mon voisin : Chez nous, on dit : Matsahel.

Le thème est d'une langue ancienne, celle du Yémen.

La langue de souche.

Il signifie ''se transférer vers l'au – delà, se faire grand en pensée''.

A l'entendre, je commence par comprendre le bien-fondé de deux projets que j'ai montés ces derniers temps, durant les deux dernières années. Pour entretenir la discussion, j'ajoute :

Moi : Matsahel… ? *se transférer vers l'au*

—delà ?, se faire grand en pensée ?

Waw !

Du merveilleux !

Comme chez moi !

Mais, en m'entendant, il me répond :

Mon voisin : *En fait, c'est le but de*

l'éducation.

Si tu en as, tu peux t'inventer.

Toi, tu peux t'inventer, ici, au Québec.

Une jeunesse peut s'inventer.

C'est à dire : tu es petit dans le corps

mais tu es un Géant dans ta pensée.

Quant au mot ''Matsahel'

Tu n'entendras personne prononcer ne mot

là-bas.

On peut même te juger si tu le prononces''.

Moi : *pourquoi ?* Dis-je

Mon voisin : parce que c'est un mot sacré.

En fait, tu vois le croyant devant le mur ?.

Celui qui fait le va-et-vient avec sa tête devant le grand mur ? Me demande-t-il pour une dernière explication.

Moi : *oui,* dis-je.

Mon voisin : Eh bien. Son geste est aussi une métaphore de 'Matsahel''. Il se transporte vers l'au-delà. Mais, ce geste a d'autres significations.

Pour continuer la conversation, j'ajoute naïvement mais décidément pour lui montrer mon intérêt du débat:

Moi : dis-moi professeur : Pourquoi de grands pays ?

Pourquoi des petits pays ?

Pourquoi des grandes actions dans un pays ?

Pourquoi pas dans un autre ?

Pourquoi des gens sont mobilisés ici, et non là-bas?

Mon voisin : professeur ?

Bon d'accord !

Dans le passé, on utilisait des mots

bizarre comme :

Guerrier du savoir !,

Combattant du roi !

Soldat du temple !

Maitre du savoir !

Magister !

Moi : pourquoi tous ces noms ?

Mon voisin : pour répondre à ta

question.

Etant un fieffé amoureux des philosophies,

parfois les plus compliquées, je reprends pour

le mettre à l'épreuve :

Moi : des inventions pour construire la

pensée ?

Pour construire ''l'homme'' ?

Pour construire l'être ?

Pourquoi tous ces noms ?

Mon voisin : *simplement une*

représentation !

Moi : Une représentation ?

Mon voisin : *oui…*

Mon voisin : *des mots pour l'action.*

C'et une représentation.

Moi : je ne comprends pas.

Mon voisin : *écoute*

Tu vois le '' Manoir Nana'' ? Il est

là-bas.

A ce moment, il me montre l'immeuble, le plus

haut, à l'est de la place, je le connais. Il

fait plus de trente étages et demi :

Moi : c'est-à-dire ?

Mon voisin : C'est l'idée d'un homme, il

est, peut-être, mort mais c'est sa

représentation ! Sa représentation du

monde, du Canada !

Sa représentation, à lui.

Un prolongement !

Une forme de 'Matsahel''.

Moi : comme tu as dit : c'est un

Guerrier !

Mon voisin : pas nécessairement.

Moi : je vois

Moi : dis-moi ! Comment peut-on

mobiliser un pays ?

Je connais l'histoire de chez nous.

Comment peut-on mobiliser une jeunesse ?

Quelqu'un comme moi, comme le sportif ?

Pourquoi des grandes actions ?

Mon voisin : tu veux mobiliser une

jeunesse ?

Tu veux pousser des gens à leurs

limites ?

Eh bien : confie-les une mission !

Moi : je ne saisis pas.

Mon voisin : écoute ! Écoute !

Tu as un ennemi. Pas vrai ?

 Il te poursuit. Pas vrai ? !

Tu cours. Pas vrai ?

Si tu cours, il y a l'énergie !

> *Tu vois le Jamaïcain ?*
>
> *Pourquoi, il court si vite ?*

Moi : de l'entrainement, selon moi !.

> *Il est conditionné !*

Mon voisin : il a une représentation du monde !

> Il a une représentation de la
>
> course ! De la vitesse !
>
> Il gagne d'abord en vision !
>
> C'est sa propre représentation, je
>
> dirais.

C'est instinctif ''son éclair'' !

Pour le battre, il faut rapprêter

son éclair, d'abord ! C'est une

traversée !

Moi : comme la traverse du désert ?

Mon voisin : pas nécessairement.

C'est un rêve

Moi : comme le rêve américain ?

Mon voisin : pas nécessairement.

C'est une conquête.

Moi : comme Christophe Colomb ?

Mon voisin : pas nécessairement.

Une forme de mobilisation de soi !

Une vision du monde.

Moi : vraiment ?

Mon voisin : tu mobilises la jeunesse

Tu mobilises les guerriers.

Tu mobilises l'énergie,

Tu lui donnes une mission ensuite.

Mais, ca prend tu temps.

Parfois, une génération.

Il faut aussi une cause,

Moi : un ennemi ?

Mon voisin : pas nécessairement.

Moi : une mer rouge ?

Mon voisin : pas nécessairement.

Moi : la misère ?

Mon voisin : pas nécessairement.

Moi : une vision ? Une vision du monde ?

Mon voisin : peut-être ?

Au fil de la conversation, prenant petit à petit l'allure d'une scène d'initiation, il me vient à l'esprit les propos d'un certain Chavo, un ami que j'ai rencontré sur la place van Gogh, il y a de cela un an. On parlait particulièrement de l'Amérique, du rêve en général, des problèmes d'intégration. On parlait aussi de la région Caraïbe, des micro-états. *'Dans la zone, il semble que certains veulent conquérir le monde. D'autres se recherchent encore''*, me disait-il ironiquement.

Je crois avoir rencontré, ici, au Québec, des compagnons de parcours, parfois des patrons, qui me montrent le sens du mot ''combat ! Ou rêve !''. A les voir, on dirait des engins supersoniques, des ''humains-fourmis !'' se croyant capables de changer leur ''bout du monde''. Il me vient surtout à l'esprit le nom de Sevillier, un entrepreneur du sérail. Je l'ai rencontré à plusieurs reprises. Il était (c'est encore le cas, je crois) par-ci pour une affaire et par-là pour une autre. Il était le premier à commenter les actualités du pays, à fournir une précision sur l'histoire de la ville et sur les gouvernements. Il est collectionneur d'art. Il a l'image du pays, en entier, en 2030. Il écoute un client ici, il propose une solution par là. Bref. C'est un passionné, un combattant.

Dans le passé, j'ai eu l'habitude d'entendre des arguments plus compliqués (disons plus académiques) de la part des professionnels plus avertis. Cependant, quant à mon voisin, Ses propos, quoique simples, me sont un coup de réveil- un électrochoque de conscience. Ils me disent que, quelque part, sur la planète, une jeunesse comme ''les guerriers du roi', est en course, vers un rêve. C'est peut-être le ca d'ici. C'est peut-être le cas de chez moi.

Il y a aussi un autre, une autre jeunesse. Elle s'identifie à un homme (un seul homme) et elle est déjà debout. Comme un Spartiate, elle cri à l'engagement, à l'action comme ''**oui nous le pouvons !**'. Dans cette ville, ils ici et là. Je les considère comme ces combattants silencieux ! Les guerriers du lendemain!. '*Ils sont dans le train, sur la* *place, dans le petit resto, surtout, à l'université''*, me dis-je parfois.

Au fil tu temps, je finis par me dire qu'une certaine histoire défile avec un 'rêve sublime''. Certains l'ont représenté en 'chou-fleur !''. D'autres ont parlé de ''dynamique de la pensée !''. Tous ont raison. Selon moi, ceux qui ont compris la dynamique, à la mode d'odyssée d'Homère, sont parvenus jusqu'à nous. C'est peut-être le cas d'Enée, l'Enée de Carthage. Il a préféré se rendre à Rome, en défaveur de Didon- l'Assyla, nous dit Virgile. C'est peut-être le cas de Toussaint à Saint-Domingue, de Chez à Cuba. Tous, ils sont partis vers un rêve, contre un ennemi. C'est aussi celle d'une génération. Elle est, peut-être, en œuvre actuellement : ici, à Carthagène, au Québec, dans la Caraïbe.

Soudain, la conversation est interrompue par la pluie. L'équipe se sépare alors. D'instinct, pour donner suite à la rencontre, je demande désespérément :

Moi : *rappelez-moi vos noms.*

Tour à tour, ils ajoutent, le jeune noir en premier:

Le jeune noir : *je suis Ashton, Ashton Kesley.*
Un nom commun dans la Caraïbe.

Je suis le prochain champion des 100 mètres de ce pays.

La femme ajoute, avec des 'pupilles moins dilatés' pour me rappeler, cette fois-ci, une autre fonction (*disons sa satisfaction, à elle*) quelle remplit, ici, au Québec:

Ma voisine : *Moi, c'est Catherine Sophie Aline.*

Je suis mère de deux enfants et grand-mère de trois petits enfants.

A premier interlocuteur, du Maroc et de France, je demande :

Moi : *le nom ?*

Mon voisin : *je suis collectionneur.*

Je plaisante.

Mon nom ? Oh non.

Je le dirai la prochaine rencontre.

Une autre occasion nous unira ici, dans

le futur.

J'ai la foi.

Une fois encore, ses propos me renvoient à Azneck, l'ami que j'ai rencontré au ''Van Gogh Resto'', un an plutôt. Cependant, lui, il me demande :

Ma voisine : *et toi ?*

Moi : moi, c'est !......

A ce moment : je balance la tête de l'avant vers l'arrière tel qu'il l'à expliqué pour ''Matsahel'' mais mon geste était instinctif. Je l'ai appris dans l'enfance. Je l'ai fait à plusieurs reprises en les observant partir, en se dirigeant vers la sortie de la '' *place des lauriers*'', le vieillard d'abord.

Comme un prête qui termine sa liturgie, je reste cloué sur le banc en regardant le vieillard marcher plus vite qu'Ashton et la voisine qui me rappelle mes anciens profs. à la préscolaire. (D'ailleurs, lors des prochaines discussions, je n'oserai l'appeler que 'Madame Aline' et avec toute la révérence qu'il faut. Ce sera un signe de respect, pour le genre, d'abord, et pour son statut de professeur, ensuite. Ce sera instinctif!). Par moments, je vois le vieillard reprendre le geste ''Matshael''. Peut-être, il veut faire une démonstration ou montrer son appartenance au ''Matshael''.

Quant au mien- mon geste- je l'ai appris de ma tante, durant mon enfance. On me racontait que durant la colonisation, ceux qu'on appelle les ''guerriers de la liberté'' se communiquaient par ce geste, sans se regarder. Jadis, ma tante disait :

- ''tu dois faire ca, quand tu étudies !''. Elle balançait alors la tête.

Au fil du temps, je commence par y croire. Parfois, j'ai l'impression que c'est la meilleure méthode, pour retenir les leçons. Mon professeur de math prononçait aussi le mot ''mnémotechnique'. Ainsi, de la préscolaire à la secondaire, je faisais le geste quand j'étudie. Sous la pluie, en jouant au '' Pluie des mots'', je levais la tête pour prendre des mots, dans des gouttes d'eau. Elles venaient de nulle part, selon moi.

Durant la préscolaire, j'apprenais par cœur mes leçons. Je faisais le même geste. Comme par magie, j'apprenais rapidement, les pages. Plus tard, vers l'âge de quinze ans, en visite chez les grands-parents maternels, en Amérique latine, je voyais mon oncle faire le même geste, au moment de mettre fin aux prières. J'ai vu à la télévision, des Bushmans d'Afrique balancer la tête comme moi. On me dit qu'ils le font durant les rituels. Récemment, à la télévision, j'ai suivi une émission sur les maladies d'autiste. La présentatrice, apparemment une psychanalyste, demande de suivre les enfants, surtout dans la matinée. ''*Ils balancent la tête pour exprimer leur colère. Ils les font aussi pour la joie*'', disait-elle. Ses propos sont, peut-être, véridiques. Dans les concerts, par exemple, la foule se jette souvent en avant ; peut-être, pour montrer la satisfaction. Ce geste a son secret.

Encore cloué sur mon banc, je réalise que je suis déjà à la fin de la journée.

En décidant finalement, de prendre la route du retour, je réfléchis encore aux évènements du jour, au mot ''*Matsahel*'' et à sa métaphore.

En le reprenant ''ce chemin du retour', je réfléchis :

- au titre à donner à mon album de musiques, le second, car depuis sa création, le BaGaVah n'a fait sortir qu'un seul album.

- Je pense aussi à mes programmes de formation à distance, la téléconférence au C.F.S.D,

- Enfin, je pense au titre de mon prochain roman.

Cela dit, concernant BaGaVah, je retiens un titre comme : '*A chacun, sa foi ! ou Vivre entre deux Mondes!* Ou '''Matshael''.

Pour le roman, je recherche encore des titres comme :

- *Vive l'érable,*

- *Sophie l'érable ou,*

- *Mon ami l'érable.*

En fait, le premier titre fait penser à la révolution. Le second paraît trop douillet. Le dernier titre. '' **Mon ami l'érable !**'' me convient.

Pour être franc, je ne crois pas avoir exposé à mes trois interlocuteurs mes vraies motivations, mon histoire, mon parcours et les leçons apprises. J'ai prononcé les mots ''créateur'' et 'Géant' sans donner de détails. Puis, je n'ai pas dit mon nom. Cela dit, je vous invite une fois de plus à une aventure qui mérite de retourner dans le passé.

J'ai donc le devoir de résumer, une fois de plus, une autre partie de mon histoire.

Je choisis de le faire en mode ''récit', le plus simplement possible et sans détours.

Je veux utiliser encore le temps ''présent' pour le rendre le actuel. J'utiliserai aussi le passé selon les besoins l'exposé. En me servant de mon ancien carnet de notes, je vous expliquerai l'essentiel des mes activités. Je tacherai de trouver le nom de mon professeur de *Matsahel*.

Je vais m'installe donc dans la cour, à l'arrière de la maison, sous l'érable. Je vous parlerai de mon histoire durant les cinq dernières années. Maintenant, nous devons faire un bond d'un an, en arrière, pour nous retrouver particulièrement au ''Van Gogh Resto'.

LA

FORMATION

La rue Van Gogh est l'un de mes endroits favoris, après *'la place des Lauriers'*. Dans l'allée, se trouve un resto portant le même nom. C'est le Resto Van Gogh'' qui est, apparemment, juif ou arabe. La rue est située au centre de la ville. Elle mène également vers la grande plaine.

En la visitant, je me crois être parfois sur la place de la République, à Paris, à la grande Rue qui est en face de la statue. Récemment, en faisant ma promenade, je me croyais à la septième rue ; celle qui longe la grande place, après la 'Cathédrale Primada'', à Bogota.

La rue fait environ cinq cents mètres de long, disons 500 mètres de parcours, et l'architecture rappelle 'él conde'' à Santo Domingo ou la rue N au Cap. Dans l'allée, on voit de part et d'autre des rangées de fleurs et de grands pots et des céramiques du Maroc, à chaque cinq mètres. Les rares engins qui s'y trouvent sont des bicyclettes. Parfois, je remarque une moto. Une seule.

Cette rue est faite pour la promenade !

Souvent, en la traversant, je remarque, parfois, des inscriptions un peu bizarres. Curieusement, elles me disent que la rue a une vocation spirituelle. En voyant certains symboles, je conclus que ce secteur semble réunir -au mètre carré- les quatre grandes religions de la planète. Les théogonies s'y rencontrent. Apparemment, à la rue Van Gogh, les grandes philosophies s'entrecroisent pour faire de cette rue un endroit unique au Québec.

Parfois, durant les promenades, j'entends une mélodie, qui dit :

'Aquí se queda la clara

La entrañable transparencia

De tu querida presencia

Comandante Che Guevara!''.

Moi, en marchant, je reprends le ''Hasta siempre''de Carlos, en français :

'Ici reste la claire

Et touchante transparence

De ta présence chérie,

Commandant Che Guevara !'

D'autres fois, je laisse la rue avec la mélodie venant du dernier resto ''*la Brise*'', un resto américain!:

> '' *Non! Rien de rien ...*
>
> *Non! Je ne regrette rien...*
>
> *Ni le bien qu'on m'a fait*
>
> *Ni le mal tout ça m'est bien égal!.*

Le mois dernier, je tombais pour la première fois, sur l'un de mes artistes. Il est de la Caraïbe. La chanson était du genre :

> *'Couleur !*
>
> *Café !*
>
> *Que j'aime ta couleur !*
>
> *Café !'*

Pour moi, cette rue est un écosystème. Elle est à part, à l'intérieur de Québec, Québec city.

C'est là que je me rends généralement pour méditer, pour retrouver mon esprit. C'est là que je retrouve mon ''houng !, mon Ba ! Mon Chivet !''. Ce sont les mêmes thèmes. Je les utilise selon les circonstances.

A la marche, je tombe parfois sur des inscriptions bizarres, sur la façade des maisons. Elles informent, aux promeneurs curieux, ce à quoi elles sont destinées. Parfois, je vois.

- *Bazar de Tokyo !*

- *Shaolin du Québec !*

- *Amorcita!*

Cependant, les maisons qui m'intéressent le plus portent des inscriptions comme :

- Ethnobiblio

- Ciel ouvert

- Puis : Resto Van Gogh

-

à la rue Van Gogh, je m'assois souvent sur la chaise, un peu à part, celle qui se situe loin des restos, loin de la rue. Contrairement à la *Place des Lauriers*, je consacre mon temps à la révision des travaux, à la recherche. Je corrige aussi mes documents de présentation, pour le C.F.S.D. C'est aussi à cette place, que je lis mes derniers bouquins. La zone est

idéale aussi pour la méditation; pour le
''Chivet'' ; c'est le jargon de chez nous.

Souvent, en silence, je garde ma respiration,
la laissant synchroniser avec mon cœur et les
battements silencieux. Je pense alors au reste
du monde. J'arrive à faire le vide sur
l'extérieur, sur mon alentour. Après quelques
minutes de silence, le monde devient une seule
personne.

C'est le silence !
Le silence !
Le silence !
Je sens le calme dans le lointain, une seule
respiration, un seul battement, de cœur.

Je pars alors vers une rétrospection, silencieuse, un sorte ''d'instant présent''. Je retiens mon ''ata'', je garde mon ''koun''. Ce sont encore des mots de circonstances. Je revois, en pensée, ceux qui sont engagés pour la marche du monde, ceux qui protègent la vie et ceux qui luttent pour la bonne cause.

Je revois, entre autres, ce pilote américain, celui qui nous a salués à la porte d'entrée, celui qui a traversé avec moi les côtes de la Caraïbe, récemment. Je le vois encore là-haut. Il est à dix mille kilomètres au dessus de la terre. Souriant, il transporte vers un coin reculé d'Amérique latine des centaines de vies. A chaque turbulence, il invente une histoire de ''température et de climat'' pour attendrir les âmes, pour calmer les cœurs en chamade.

Ce pilote n'est pas différent du chauffeur de train. Lui, il a des milliers de vie à sa charge. La où il est, il manœuvre sa manche avec précaution. Dans la mêlée, je revois aussi le courageux mineur. Lui, il est quelque part au Chili ou à Johannesburg. Ile est au trou de la terre, à plus d'un kilomètre de profondeur. Il me vient à l'esprit l'image de la pauvre maman haïtienne qui, elle-même, est seule. Abandonnée, elle vend son sang. Elle vend son oxygène, en souriant, pour survivre.

Généralement, dans mon 'Chivet'', je lève la tête, scrutant là haut. Je regarde le ciel et je pense à l'instant présent, mon instant présent. Je sais qu'il vaut - peut-être - mille ans quelque part, en dehors de notre système.

Quand je la vis, ma méditation à moi, je parcours en pensée l'espace vide, l'espace clair. Je sais que l'oxygène y est.

Je sais que la vie est là.

Je prends conscience de quelque chose qui me retiens, au sol.

Il me vient à l'esprit une représentation un peu bizarre. Elle a l'allure d'une grande force, en gravitation ; elle tient la terre là où elle est. Il a de cela des millions d'années voire des milliards.

Elle la tient en équilibre.

Je sais qu'une onde vient de loin.

Je sais que les rayons sont là, en plusieurs couleurs, ils sont aussi vieux que la terre, peut-être plus.

Ils courent à vivre allure.

Ils transmettent des mélodies.

Dans cet espace clair, là-haut, je sais que des messages circulent à vive allure mais à plusieurs échelles, dans plusieurs bandes.

Certains vont changer le monde.

Une autre va déclencher quelque chose, quelque part.

Une autre va l'arrêter.

Une onde va mettre fin à la guerre.

Une autre va élire le prochain président, celui du Sud.

Je sais qu'un homme meurt maintenant, un enfant nait aussi! Je sais qu'un homme devient millionnaire, maintenant.

Un autre devient pauvre!''.

Ainsi, se déploie mon '' houng''.

A chaque visite à la rue Van Gogh, je suis rattrapée par cet élan, par la méditation, par le dépassement, riche pour la création.

La dernière fois, on était deux sur le banc. On voyait une scène étrange. Moi et mon voisin, on regardait une jeune maman. Il faisait froid. Elle, la jeune maman, s'enveloppait, comme une boule, sur son petit. On voyant la scène, je disais à mon voisin :

Moi : c'est l'amour à l'état pur ! La tendresse maternelle ! Voilà le parfait exemple de la gravitation. Les deux sont les plus fortes de l'univers !

Lui : malheureusement, on interdit ce geste quelque part, dans les espaces publics.

Moi : ici, au Québec ?

Lui : Oh non ! En dehors du pays.

Comme un défenseur, je concluais naïvement :

Moi : son geste fait la différence entre 'un conard'' et un 'citoyen honnête''. Ici se joue tout l'avenir du Canada ! Le cocon maternel ! L'encadrement familial ! La délinquance ! La fonction de ministre !

J'étais spontané dans mes déclarations et mes envolées académiques. Je le savais.

En fait, tout ce que je fais aujourd'hui, je les dois à ma tante, mon autre mère. A mon père également. C'était une bonne mère. ''*L'Amour, c'est de l'intelligence !*'', disait-elle. Il y a de cela une trentaine d'années.

La ''jeune maman'', de la place Van Gogh, me rappelle, entre autres, une brésilienne. C'était à Rio, au bord de la mer. A un moment, je l'ai vu au bord de la plage. Soudain, comme prise par une onde d'écholocation, elle courait vers ses bagages. Apres quelques minutes, j'ai reconnu un bébé entre ses mains. Elle le caressait. Elle était la seule à entendre ''le petit son'', le cri de bébé.

Quelque fois, dans cette rue, je vois d'autres scènes, apparemment désopilantes. Par exemple, la semaine dernière, je me rappelle avoir vu un vrai Shaolin, un shaolin du Québec'.

Il arrivait, à vive allure, avec fracas.

Dès l'entrée, il s'agitait.

Il pratiquait un sport étrange.

Un sport qui vient du Brésil !

C'est la danse du combat !

La 'Capoeira !

On dirait le portrait craché de ''Hulk Hogan''.

Il voltigeait à plus de dix mètres de haut.

Avant de toucher le sol, il tournait en giron et tombait au sol.

Puis, il repartait à nouveau.

A ce moment là, un pauvre malheureux… un naïf d'une vingtaine d'années, traversait la rue.

Instinctivement et à l'unisson, tout le monde criait : attention !

Attention !

Moi, dans mon coin, je criais aussi.

Je voyais déjà la tête du jeune homme se transporter jusqu'à la Californie, dans le désert.

J'aime ce coin. Je l'ai découvert d'ailleurs durant mon passage à l'AgentPRO''.

Ainsi, à chaque visite, il y a un évènement inédit qui fait penser à l'histoire de la ville. Son histoire, me dit-on, remonte à plus de deux siècles. En m'y rendant, je vois toute sorte de personnalités. Avec l'ambiance, vous y voyez un aller -retour d'artistes, de magiciens et de poètes. Là, toutes les générations se rencontrent.

Depuis quelque temps, je fais la connaissance d'un jeune métis. Il est Haitiano-dominicain. Ile est aussi Canadien. Il connaît les deux états insulaires. Comme moi, il est passionné de l'histoire des deux pays. Il connaît aussi leurs problèmes.

Récemment, on a fait de meilleure présentation. Je sais maintenant qu'il est professeur. Il a fait sa spécialité en en économie développement. A l'entendre parler, on dirait un spécialiste de la zone caraïbe.

Mon nouvel ami s'appelle Chavo.

Il est Haitianodominicain.

Je sais qu'il a adopté la nationalité dominicaine du coté maternel. Sa famille est aussi HaitianoDominicaine. Ils sont arrivés ici, au Canada, vers les années soixante-dix, en provenance de Santo Domingo, la capitale. Plus tard, vers les années quatre vingt-dix, après sa naissance, ses parents sont retournés en Haïti. C'est là qu'il a fait ses études classiques. Récemment, il est revenu ici, au Québec, pour les Universités.

Son air, toujours jovial, montre qu'il est déjà conquis – mieux que moi- par la mentalité canadienne. Mais, il est toujours rattrapé par son sérieux, son air d'adulte. Depuis quelque temps, on se rapproche peu à peu par nos idées. Il sait un peu de mes activités maintenant. Ironiquement, je lui explique parfois certains de mes projets. Récemment, je lui confiais:

Moi : Je voudrais ouvrir des centres dans les grandes villes d'Amérique du Nord.

Je les installerais à :

Montréal,

Ensuite à Boston,

à New York,

à Washington,

à Philadelphie,

à Jacksonville,

à Fort Lauderdale,

à Miami,

Ce serait un faisceau culturel dans toutes ces villes.

Dans mes centres, je mélangerais le folklore aux musiques d'ici.

Je mélangerais la cuisine locale au fast food d'ici.

Je prendrais les spécialités de la Havane, celle de Santo Domingo et celle de Port Au Prince.

Je mettrai les images de Malcom X avec celles de Martin Luther, de Jose Marti avec Toussaint, de Pablo et Arthur Lewis et Dany Laferrière, etc.

Je passerais sur des grands écrans des discours de Martin avec ceux de Lincoln. Je diffuserai toutes les initiatives d'Eisenhower et de Kennedy sur la conquête de l'espace, sur les satellites notamment.

J'ajouterais les bouquins de Roumain, avec ceux de Moya, de Cervantez.

Je mettrais Aimé Césaire à part.

Je ferais chanter le 'tezen '' d'Haïti avec 'Rumbia'' de la Colombie.

Tout se ferait sous un air techno, avec le RNB et le Jazz.

Je choisirais un nom bizarre, comme :

-C.M.P! pour *Cultural Melting Pot !* (Bouillie Culturelle !, en français) ou -*Electrod !* ou *Cultural Neuron !* ou *Neurone Culturelle*, en français ou -*C.M !* pour *Cutural Marrow ! (Moelle Culturelle !*, en francais).

Là, Chavo me regardait. Son regard signifierait que je suis un entrepreneur trop rêveur, un naïf perdu sur la terre d'Amérique. Il gardait son silence. Peut-être, il voyait les surprises, à l'horizon. En revanche, après quelques minutes, il me disait :

Chavo : *je choisirais :* **Electrode !** *ou Electrode Culturelle !*

Il fait penser à ''faisceau, liaison et contact.

A date, j'interprète sa réaction comme un conseil d'ancien, du genre ''*tu as de bonnes idées. D'accord. En revanche, tes projets sont plus compliqués. Si tu peux ! vas-y !. Sois prudent !*''. Ainsi, avec le temps, je commence par développer de la sympathie pour ce jeune métis ; il vit entre deux cultures tout comme moi. D'ailleurs, on partage les mêmes soucis quant aux problèmes de deux microétats, c'est à dire : Haïti et la République Dominicaine. ''*S'il y la guerre entre les deux pays, on mettra de coté trois groupes : les hommes d'affaire, les musiciens et les intellectuels. Il n y a pas de mésentente entre ces groupes*, dit-il toujours en espagnol. Chavo a raison ! Parfois, j'ajoute ironiquement '' *les filles ! Tu les envoies à la guerre, toi ?* ''.

Comme moi, il comprend l'ampleur du problème. Ces habitants occupant l'ile Hispaniola sont inséparables, ils ne vivront qu'entre guerre et paix (*guerre de productivité bien sur !*). Avec le temps, en discussion, on se parle couramment de ces thèmes. Lors de notre dernière rencontre, notre conversation habituelle a pris une dimension inédite, lorsque je demandais :

Moi : *Que penses-tu de la grande Caraïbe ?*

Que penses -tu des pays de la zone ?

Chavo *: Selon moi, ils sont à plusieurs échelles.*

Moi : *échelle ? Pourquoi ? Explique-toi.*

Là, Chavo commençait son exposé :

Chavo : *Par exemple, prenons le cas de ces quatre états. A vue d'œil, je vois leurs point forts… disons : leurs avantages comparatifs.*

Tout de suite, je prenais le devant, étant imbu du sujet. J'y ai travaillé aussi. J'ajoutais alors :

Moi : Cuba. Il y a ?

Chavo: A cuba, il y a : la médecine, le tourisme et le sport. 'Cuba est une industrie de Baseball', dit-on

Moi : Jamaïque…

Chavo : le sport, la musique, le tourisme et la Finance. C'est une industrie de ''sprinters'', de 'coureurs.

Moi : Trinidad, il y a ?

Chavo : le Pétrole suffit là-bas.

Moi : il y a la République Dominicaine.

Chavo : le pays de ma mère. C'est une

industrie dans la zone, dans le tourisme.

Il reçoit la moitié de sa population

chaque année. Des touristes.

Il y a aussi le Baseball et la

végétation.

Il a un grand écosystème après Costa

Rica, peut-être. On a investi massivement

là bas.

Pendant l'embargo à Cuba, ils ont

profité.

Moi : les autres iles ?

Chavo : certains sont francophones.

Ils sont des départements d'outre mer.

La majorité de ces micropays sont anglophones.

Mais, ils se regroupent.

C'est une petite Europe dans la Caraïbe.

Ce sont des paradis fiscaux, des places offshore, des succursales des banques, des places pour les milliardaires.

Etant imbu de la délicatesse du sujet, je gardais un pays a part. J'ajoutais finalement :

Moi : Haïti !

Chavo : *C'est mon pays, un état à part.*

Il y a toutes les ressources là-bas. Mais…..

Il est frontalier avec la République Dominicaine, mon autre état.

Les deux ont leurs problèmes.

Mais, pour ce pays…

Moi : Tu parles d'Haïti ?

Chavo : Exactement.

Moi : Quel est le problème ?

Là, mon interlocuteur se serrait les mains, comme le professeur, il me disait:

Chavo : Ecoute, En Haïti, seulement dix pour cent de la population parle Français.

Le créole est la langue de tous les jours.

Moi : où est le problème ?

Chavo : tu me demandes où est le problème ?

-écoute, écoute Xavier

Tu vois l'état frontalier ?

Tu vois la République Dominicaine !

Eux, les Dominicains, ils parlent l'espagnol !

Ils sont compris depuis le Mexique jusqu'au au Chili !

Ils sont compris par un continent !

Ils sont compris par plus de six cent millions d'habitants.

Ils sont compris dans vingt états !

Ils parlent Espagnol !

Ils ont compris, la Révolution cubaine.

Tu vois ce qui s'est arrivée chez eux plus tard, vers les années 70!

Ils ont compris la guerre de Nicaragua.

Ils ont vu ce qui s'est passé au Venezuela.

Ils ont vu ce qui s'est passe en Haïti en 90 !

Ils se sont conformés !

A l'entendre, je commençais par prendre conscience du problème. D'ailleurs, quelques mois avant notre rencontre, il y avait les élections présidentielles là-bas. J'ai vu les dégâts à la télévision. C'est un cycle de cinq ans. Parfois en moins de deux ans. Maintenant, le monde connaît le cycle. Au fur et à mesure, je commence à voir en Chavo un homme plus averti, plus pragmatique que je ne le pensais.

Là, j'insistais pour entendre le discours final:

Moi : je te suis !

Chavo : Ensuite, toute la zone caraïbe parle l'anglais !.

Ils ont le monde à leur pied !

Je crois que tu connais le jargon populaire ?

Je connais la phrase fétiche. Comme Chavo, je l'ai apprise par cœur. On la citais en duo: *''everywhere you pass, if you speak english, you will be understood''.* Puis, il ajoutait :

Chavo : Ecoute, Xavier.

Les Haïtiens sont compris par le Québec, le Québec socialiste !

Seulement le Québec français.

Ils ont aussi l'attention de l'Europe françaises. Malheureusement, elle est à plus de neuf mille kilomètres de distance.

Ils sont encerclés dans ce coin, dans la caraïbe.

Ils sont en compétition avec Cuba, Jamaïque, République Dominicaine et les autres iles.

Ils ne la laisseront pas passer ni prendre le leadership de la zone.

Mais, certains ne le savent pas.

Il semble qu'ils n'ont pas compris le problème.

Pourquoi un grand chef d'état, va laisser le Qatar pour Haïti ?

Ils ne comprennent pas la règle !

Pour insister, je lui demandais naïvement :

Moi : Quelle règle ?

Mon prof. Chavo précisait :

Chavo : Les 'opportunités' !

Ecoute, Xavier :

Pourquoi un américain va jeter un million

de dollars là-bas ? Pourquoi ?

Ils ne comprennent pas la loi !

Les intérêts personnels !

Pourquoi je vais me faire massacrer au

nom …

Dis-moi...

Pourquoi je vais jeter un millions de

dollars là-bas alors que ….

C'était le cas de ma famille en quatre vingt-dix et récemment.

Tu vois les artistes là.

Ceux des alentours.

Tu vois leur succès?

Ils le doivent d'abord à la langue.

Ils chantent en anglais ou en espagnol.

Ils comprennent le ''ton du monde''.

Les artistes haïtiens ont seulement le Québec- Le Québec français-, la France et une partie de l'Afrique.

Seulement, le Québec francophone

A la fin de la conversation, je repassais en mémoire mes travaux de recherche. Quatre ans de cela, j'avais fait des recherches sur le même sujet. Je travaillais sur des thèmes ayant lien aux ''potentiels et aux ressources'' des deux pays. Je m'étais inspiré d'autres papiers. Je travaillais aussi sur la ''langue, la productivité et sur intelligence collective''.

Dans mes recherches, je voulais (et je le veux encore) montrer le fossé économique entre les deux pays. En images, j'ai voulu montrer la situation économique.

J'y ai insisté sur la gouvernance, le tourisme et investissements. Pour m'assurer, je demandais à Chavo :

Moi : Dis-moi sincèrement, comment tu décris ce pays ? Comment tu vois ce peuple ?

Chavo : pour moi, ce sont des victimes.

Certain sont victime d'eux-mêmes, de leur liberté, de la suspicion, d'un manque de réalisme.

Certains ne comprennent pas le ton du monde.

Pourquoi on est obligé de se faire la guerre pour le vent ?

Je parle de moi, je parle de toi.

Je parle des problèmes d'ici.

Ils sont des Albatros de Baudelaire !.

Quand je vois les nouvelles à la télévision, j'y vois ''un combat de survie''.

Il semble qu'ils ne sont pas à leur place.

Moi : C'est à dire ?

Chavo : tu connais le poème ?

Tout à coup, je reprenais encore avec lui les premiers vers de l'Albatros, celui de Baudelaire :

'' *Exilé sur le sol au milieu des nuées,*

Ses ailes géantes l'empêchent de marcher !!!''.

Ainsi, avec le même ton jovial, on se séparait. Mais, vu sa spontanéité et la rapidité avec laquelle il élaborait les arguments, je ne doutais plus du menu de la prochaine discussion. Après la rencontre, je me disais en moi-même '' *voilà quelqu'un qui a les pieds sur terre !*

Voilà quelqu'un qui partage mes opinions !

L'intégration se fait parfois en groupe !''.

En effet, après quelques années dans ce pays, voilà un endroit ou certains amis, silencieux dans leurs coins, comme Chavo, gardent encore de bonne mémoire sur la dynamique de cette zone, la zone Caraïbe. A l'entendre, j'ai l'impression de rencontrer un défenseur de ce ''bout d'ile'', unique dans la zone, de la zone Caraïbe. De sa bouche, j'apprends particulièrement le sens des certains mots comme : ''écosystème'', 'écologie'' et écotourisme. '' *Voilà comment on doit faire chez nous*'', dit-il toujours en me montrant la rue Van Gogh. Discrètement, je dis ''*et la place des Lauriers ? On peut l'exporter là-*

bas !, *chez nous* ! Ils peuvent nous enseigner aussi le socialisme, la solidarité, le droit public, le vivre ensemble et le culte du beau, à la mode d'ici, bien sûr!. Quant au rire, nous en sommes maitres jusqu'à présent. Nous autres ! Nous rions de tout. Même de Lucifer. Sa corne est trop longue d'ailleurs !.''

Après un mois, comme promis, je rencontre Chavo sur la place, au même endroit. Pour approfondir le sujet, je décide, en premier, de l'orienter sur l'histoire.

Tout comme moi, il connait l'histoire des deux pays ; c'est un passionné d'histoire, celle vécue notamment par les deux peuples durant les deux derniers siècles. La dernière fois, ensembles, nous nous débâtions un peu sur la situation des deux pays. On parlait également de leurs parcours après leur Indépendance respective. Comme à la préscolaire, on se mettait debout, pour un récital particulier : un rappel des évènements historiques. Avec le ton d'artiste, je lui demandais alors pour le mettre à l'épreuve :

Moi : écoute, Chavo !

Tu veux te fais passer pour un défenseur de la zone,

Tu te prends pour le Québécois….

Aujourd'hui, mets-toi debout.

Sois un homme.

Dis-moi ce que tu en sais.

Résume l'histoire de ton pays.

Chavo : quel pays ? Lequel des deux?

Moi : ton pays.

Chavo : j'ai les deux !

Moi : D'accord. Prends ce qui te plait.

Alors, il commence, regardant par terre et commence à citer (disons : à coller) les évènements, bout à bout :

Chavo : D'accord !

Je suis Zarathoustra, celui de Nietzsche

Je suis là haut, par delà bien et mal !

Je regarde en bas.

Je vois tout.

Je suis en 1084 !

Au Québec, il y a :

Là –bas, dans ton pays, il y a un grand départ.

Je vois la guerre d'abord, la guerre de l'indépendance.

Oh ! Elle est sanglante comme la guerre de sécession.

Capois est courageux

Oh ! Je vois son bonnet, il s'envole !

Il est courageux, ce mec !

Je vois l'indépendance Nationale en 1804.

Ah ! le chef lit son discours.

Moi : quel discours ?

Chavo : le discours de janvier, 1er janvier.

Laisse-moi terminer.

Je vois des terres en friches!

Oh ! Ils commencent déjà la répartition !

Une erreur !

Bon, allons –y !

 Le pays est divisé

Il y a un royaume au nord.

 Je vois une républicaine au Sud.

On est en 1844

L'ile a été unifiée depuis 1822

Vingt-cinq ans d'occupation stérile.

J'oublie une chose :

Ah ! Là.

On paie la dette de l'indépendance à la France.

 On est en 1814 ? Je ne sais pas.

 On est en 1902 maintenant.

Il y a encore la guerre, la guerre civile.

On est en 1915

C'est l'occupation américaine, jusqu'en 1934.

Oh !

Pauvres gens !

Pauvres peuples !

Bon !

Je fais un saut de 20 ans.

On est en 1955.

Oh !

C'est la dictature, jusqu'en 1986.

Je fais un saut de dix ans.

Oh !

C'est l'embargo, l'embargo de 1994.

Le pays est instable !

Il y a la guerre.

Le mot est inventé : i commence par 'Ç''

Tu le connais !

Les maux sont là également.

On est en 2000 !

Le pays est sous tutelle.

Bon sang !

Que fais-ton avec la richesse du pays ?

Ce mec là ?

Qu'est-ce qu'il fou là ?

Il veut être … ?

Où sont les arbres !

Ils sont sourds dans la zone !

Faut qu'ils comprennent ce qui se passe

aux alentours !

C'est important !

Ultra important !

Bon !

Ainsi, tristement, Chavo termine son rappel.

C'est un artiste, un vrai artiste. Il sait

mettre de l'emphatise dans son rappel. Avec le ton et l'émotion qu'il faut, il expose, en sauts de vingt ans, la suite des évènements. Je le sais ! De rares artistes, de sa trempe, savent résumer (je dirais : prendre la substantifique moelle de) deux cent ans d'histoire, unique dans ce pays.

Moi, de mon coté, je l'observais attentivement et tristement. Pour ne rien rater dans l'exposé, je ne l'interrompais à aucun moment. Pour conclure le ''deal'', je prends sa place, voulant lui montrer également ma maitrise du sujet. Je commence en homme décidé :

Moi: tu es un passionné du pays, chavo. Bien !

Dis-moi, quel est l'animal qui a la plus longue longévité sur terre ? il ne vieillit presque pas?

Chavo: moi, ma famille, surtout ma maman !

Je plaisante.

Je ne sais pas.

Moi: ok.

Je suis une tortue.

Tu sais qu'elle a une longue vie ?

Elle vit très longtemps.

Parfois 200 ans.

J'étais là aussi.

Je suis en 1844

Au Québec, il y a…

En République Dominicaine

Le pays est occupé ! Par les Haïtiens !

Vingt cinq ans d'occupation.

Waw !

Il y a l'indépendance !

On est en 1844.

Le jeune là !

Ce général !

Il demande protectorat à la France en échange de Samana.

Oh !

Les Haïtiens veulent reprendre le pays mais ils échouent, à Santiago et à Azua.

Ah !

Ils ne pensaient pas à l'échec !

Ce général d'Haïti surtout.

Il est chassé du pouvoir pour l'échec.

Ah !

Celui qui frappe par l'épée, périra par….

Le pays signe un traité de 50 ans avec les Etats Unis.

Il est occupé par les Etats unis jusqu'en 1926.

Mais, avant, on fait venir des Cubains dans le pays.

Pourquoi ?

Ils l'ont fait aussi pour les Espagnol ?

Pourquoi ?

Oh !

Il y a la dictature dans le pays !

Ca commence en 1930 !

Elle finit en 1961 !

Ah !

Ce monsieur là !

C'est un chef d'état 'businessman'' !

 Il y a la bataille !

On est en 1965

La bataille de Saint-Domingue.

One est en 1966

Un nouveau président est élu.

Entre temps, Kennedy est assassiné

Le nouveau président est réélu en 1970, en 1986, en 1990 et en 1994.

Il est apparemment dynamique !

Il va partout ans le monde.

Ah !

Il fait la promotion du pays.

Il fait créer une grande agence pour gérer la terre.

La friche commence très tard ici.

On est en 1996

Oh !

Pourquoi .. Pourquoi on fait la chasse à l'autre candidat ?

Il est noir !

Ah je vois.

Je comprends.

Un jeune candidat, un autre, est élu.

On est en 1996

Il est succédé en 2000,

Ile st réélu en 2004.

Oh !

Pourquoi

- *Chavo : merci. Merci. Je connais le reste de l'histoire. On en a parlé la dernière fois.*

Chavo met fin à mon exposé; voulant me montrer sa colère contre quelque chose qu'il ne maitrise pas encore. Il connaît la suite des événements en tout cas. Il ajouta ensuite :

Chavo : Ecoute Xavier, j'ai suivi ton exposé attentivement et je connais l'histoire de mon pays. Je crois que quelque chose s'est produit.

A un moment, un changement s'est produit entre les deux pays.

Moi : un événement de l'intérieur ? de l'extérieur ?

Chavo : les deux

Moi : vers les années 60, peut-être, après la révolution cubaine, comme tu as dit. L'influence de la zone.

Chavo : un peu avant ou après, comme en 1990.

Moi : la leçon de la longue dictature ? La reforme des années 50, sur la terre notamment? Les américains?   Son voisin, Haïti ?

Tout comme moi, Chavo a le sens de l'humour. Ces derniers temps, nos discussions a l'air plutôt ''désopilante''. D'une spontanéité toujours surprenante, il me montre sa vraie personnalité : un 'blagueur'' né. Avec le ton : mi-sérieux-mi comique, il se montre parfois insaisissable. C'est un ''Sir John Falstaff'' de Shakespeare, à la mode de chez nous. D'ailleurs, chez nous, le ''rire'' est la thérapie. Pour mettre fin à la série, en mode Zarathoustra, il conclut en riant:

Chavo : tu sais Xavier ! Je crois que la haut, on rit de notre malheur ! Je crois que là-haut, il y a la fête !

Moi : je sais qui t'as lu cette semaine. Le philosophe.

Chavo : je suis sérieux.

Sérieux comme un chef d'état'' !

Chavo : tu sais Xavier

Ce ''Président là'' !

Qui se prend trop au sérieux !

Je voudrais le voir danser ''la danse Zoulou !''

Il faut importer également le 'Zulu dance' !

Chez nous in faut aussi le 'reed dance' !

Bon dieu !

Je demanderai à la Ministre de…

Moi : la 'reed dance ? C'est quoi ca ?

Chavo : fais les recherches.

Son ton mi sérieux-mi rieur, me dit qu'il veut orienter la conversation vers quelque chose, vers un sujet spécial. Peut-être pour répondre à la question, il ajoute, en riant :

Chavo : tu sais que chez moi, il y a plein de richesse, au sous-sol!

Moi : t'en es sur ?

Chavo : a mille pour cent !

Je crois qu'il y a du pétrole !

Je cois que nous avons des gisements de

diamant, les vrais, les meilleurs du

monde !

Il y a aussi….. La pierre… la pierre pour

envoyer les satellites dans l'espace.

Moi : Quoi ?

Voilà le maitre de l'illusion, en plein

cœur du Québec. Faut appeler …..

Fais-toi des illusions, mon pot.

Fais-toi des illusions ! Sur les

richesses de ton sous-sol

Le monde s'en va et t'oublie déjà.

Le monde s'en va !

Il s'en va !

Généralement, il aime réagir, spontanément, à mes propos. Ma dernière phrase semble le clouer sur le banc. Toutefois, son silence spartiate, mortel, me dit le contraire. Je sais qu'il connaît le sujet. J'insiste d'ailleurs sur le not 'illusion'' pour le taquiner. Pour me répondre, il reprend :

Chavo : comme tu l'as dit récemment, je crois que chez nous, il faut la guerre. La Guerre de productivité !

Moi : comment et avec qui alors ?

Chavo : entre les deux microétats… entre toi et moi….

Moi : entre Haïti et son voisin

Chavo : exactement. Avec le voisin … avec la zone, toute la zone.

Moi : productivité ?

C'est à dire ?

Chavo : il faut faire la guerre, avec tout ce que nous avons en abondance: les jeunes, la suspicion, la naïveté populaire, la mobilisation spontanée, le rire, etc.!

Moi : ah ! Je vois. Tu veux ressusciter Arthur ?

Comme de le gaz tombant sur le feu, la dernière phrase semble ressusciter son vrai ''démon''. Tout à tour, j'entends des arguments les plus bizarres que les autres. De sa bouche, j'entends :

'' Il faut une Guerre de richesse ! Une guerre de valeur ! Guerre de référence ! Une guerre ouverte entre les deux pays''. J'apprends, entre autres, qu'il faut importer, un modèle de socialisme, de la beauté, des arbres, d'un système éducatif. En gros, il insiste sur un thème du genre ''richesse-connaissance''. Ainsi, pour me mettre dans le bain, je demande :

Moi : en gros, selon toi, il faut créer un modèle ''millionnaire-érudit'' ?

Chavo : exactement !

Il faut monter un modèle comme :

''Tu es millionnaire à la main droite'' !

'' Tu es érudit '' à la main gauche !

Moi : waw !

Je vois.

Faut penser aux blocages, les vrais.

Faut penser à la suspicion, faut penser à tout.

Faut penser aux références !

Rappelle -toi : le monde s'en va ! Il t'oublie déjà !

Chavo : je sais ! Je sais !

Je crois qu'il y a des documents sur le dossier, sur le grand changement ! On en reparle après.

En prononçant ces dernières phrases, Chavo s'est montré un peu plus préoccupé. Soudain, je vois ressusciter chez mon ami un nouveau personnage, plus candide et plus respectueux des valeurs. Pour m'imposer la fin de la conversation, il ajoute :

-Chavo : Elle va m'appeler dans exactement dix minutes. Elle m'a promis l'appel. Sinon, c'est ma tante, la sœur de mon papa. Elle-même viendra me chercher, ici.

Moi : Qui ? Qui alors ?

Chavo : ma Maman.. Elle veut que je sois avec elle. Toute la famille sera là.

Moi : ah ! D'accord. Parfait. Bon vent !

Tout à coup, sans lui demander d'explication, il commence à me parler d'un personnage, comme un secret d'état. Je prends plaisir à l'écouter et j'interprète l'exercice comme un 'pacte de respect à notre amitié'. De sa bouche, j'apprends que sa maman s'appelle Manuela, mais, Mia pour les intimes. C'est une ancienne professeure d'histoire. Sa tante paternelle, une psychologue, s'épelle Dina. Mia est toujours là ! Elle n'est Jamais absente, depuis l'enfance ! Elle est toujours à son côté ! C'est Mia ou Dina qui choisit sa cavette, chaque matin, avant de sortir. Mia veut qu'il chante chaque jour, une chanson d'ailleurs qui date de l'enfance. Mia et Dina sont des danseuses. Elles apprennent la Salsa. Mia veut qu'il boive un verre d'eau chaque matin. Récemment, elle lui a montré sa photo de jeune fille. Elle veut une belle-fille, respectueuses, souriante, avec des cheveux noirs, amoureuse de l'histoire, de la famille et des valeurs, etc.

Comme deux vieux enfants, naïfs et candides, nous rions, rions et rions des derniers propos échangés sur Mia ; puis de tout ce qui a été dit sur ''maman'' particulièrement. Nous deux, au plus profonds de notre âme, nous la respectons (**MAMAN bien sûr !**) et nous sommes partisan des bonnes valeurs… des idées progressistes et de l'humanisme.

Effectivement, comme prévu quelques minutes plutôt, son téléphone sonne et, tour à tour, je prends conscience de l'ambiance (disons l'industrie familiale) familiale que Chavo vient de décrire. Au téléphone, je l'entends se communiquer avec Mia, sa maman. Étant aussi acteur de ces épisodes, je mémorise toutes la conversation, réplique par réplique, comme si Chavo ne fait que me répéter. J'entends :

- *Oui, Maman !*

- *J'arrive !*

- *Si, Mia !*

- *Si.. estoy en el parque con mi amigo !*

- *Oui maman !*

- *J'arrive maintenant.*

- *C'est pas la peine de venir me chercher, maman !*

- *Pourquoi maman ?*

- *Non, maman ! yo tambien Mia ! te quiero, Mia !*

- *Que ?*

- *Pourquoi le thé, Mia ?*

- *Ah ! Maman !*

- *Tu veux que je garde l'appel jusqu'à la maison ? Mamannn… .*

- *T'as reçu des fonds du Gouvernement ?*

- *Si , te quiero tambien !*

- *D'accord, maman ! D'accord''.*

Ainsi, chaque rencontre avec Chavo est une occasion d'apprendre un peu de lui, du pays de sa mère (de ses pays) et de sa passion. Tout comme moi, il connait les défis (besoins) de la zone. Ainsi, on se sépare, toujours avec les civilités de bons citoyens, conscients des problèmes de la zone, conscientes des défis son pays.

Cela dit, il commence à faire froid.

Certains visiteurs sont déjà partis, abandonnant les restos den face.

La rue Van Gogh reprend alors son calme nocturne. Au fur et à mesure, je vois arriver une autre clientèle.

Certains ont l'air asiatique. Ils vont peut-être au 'Bazar Tokyo !''.

Les autres, en tenue festive, sont à destination de ''Amorcita !'', le seul club sans enseigne.

Je repars alors avec l'espoir de revenir vers la même place, comme à la ''Place des Lauriers.

La Rue Van Gogh a aussi une histoire singulière. Plusieurs passants m'ont déjà dit que sa vraie histoire est à Détroit. D'autres me disent qu'elle est à Vancouver, près de la frontière. C'est là que je trouverais les dernières céramiques. Elles portent des inscriptions sur l'histoire de la rue. Elles sont écrites en grec parfois en anglais.

Cependant, l'anecdote qui m'intéresse, c'est la partie qui est à Détroit. La dernière fois, j'étais au Resto van Gogh, la plus fréquentée dans l'allée. J'ai rencontré un groupe —c'est la première génération des hommes d'affaire. Ils m'ont confié des anecdotes apparemment plausibles. J'ai appris que, jusqu'à 1930, la rue était habitée par des Marocains, des Juifs et des Chinois. De jeunes Américains, apparemment Francs maçons, y étaient aussi. Ils venaient du Détroit.

Ils étaient pour la plupart gérants ou administrateurs. La zone était bondée de bazar, de restaurants et de club - des clubs de dance. D'autres géraient des comptoirs - pour le change, bien sur.

A la surprise générale, durant la crise de 1930, les Marocains ont disparu. '*Ils sont retournés en France, au sud de la France*'', dit-on. En revanche, ils ont été rejoints là-bas vers les années 70 par d'autres groupes. Ils venaient du Maroc aussi, de Marrakech exactement. Pour le reste, les jeunes

Américains sont retournés à Détroit. '*Ils ont laissé la rue. ''Ils ont été rappelés par le nouveau patron !''*', m'a confié l'un un des vieux.

A l'entendre, je me croyais (c'est encore le cas) dans une séance de science fiction. Je demande alors :

Moi : je comprends pour les Marocains.

Quel était ce nouveau patron ? Ceux qui ont rappelé les Américains, à Detroit ?

Eux : Le nouveau patron ? Celui de Michigan ?

C'est le grand groupe que tu connais dans la ville.

La première génération est partie.

Mais, la vraie histoire est à Michigan, à Detroit.

Après le départ, un nouveau groupe est venu s'installer au centre ville.

Ils sont aussi à Vancouver, près de la frontière.

Depuis lors, ils ont grandi.

Ils ont fait de nouvelles acquisitions.

On dit qu'ils sont partis avec une tonne de données.

Certains sont encore là, à Los Angeles, à Texas.

Certains sont très jeunes, plus jeune que toi.

Oui !

C'est la vérité !

En suivant les propos- toujours de la science fiction pour moi- je reconnais tout de suite un visage. Je l'ai déjà rencontré. Il n'a pas changé. Lui aussi me reconnaît au premier regard. En bon citoyen, je me présente :

Moi : Bonjour ! On s'est déjà vu !.

Lui : Ah oui ! La dernière fois, je te voyais écrire des notes, des notes de musiques. On était sur la place.

Moi : exactement. Ah, tu voyais mes notes ?

Lui : Oui ! J'étais là bas pour le travail.

Moi : pour le travail ? Ok !

Lui : je te vois souvent dans la zone. Dans l'autre coin. Apparemment, tu travailles toujours en public?

Moi : exactement ! Je viens ici pour préparer mes présentations. Je suis administrateur d'une vingtaine de centres de formation. Je suis à ma cinquantième séance maintenant.

Lui : séances ?

Moi : oui ! Séances sur la Finance ! La microfinance, pour être clair. Je fais la gestion des projets aussi. Je délègue des agents sur le terrain. Moi, ici, je fais des suivis des travaux. Parfois, je me rends là-bas pour les évaluations.

Lui : où ?

Moi : en Amérique latine. J'ai quelques centres dans la Caraïbe. Mais, je travaille sur la cote atlantique notamment. Toi ?

Lui : Je travaille pour le Gouvernement. Je suis ethnologue. Je travaille sur les ethnies, les anciennes, un peu partout. Parfois, je suis ici.

Souvent, je suis en dehors du pays. Une partie de ma famille vit en Floride.

Moi : en dehors du pays ?

Lui : oui !

Moi : parle-moi de tes oncles là.

Lui : Ce sont mes collègues. Je connais aussi l'histoire. J'étais là.

Toute de suite, je me vois en face d'un interlocuteur, quoique jeune homme, appartenant un cercle spécial - un club de vieux. '*Il est là, soit pour son dynamisme soit une aptitude particulière*'', me dis-je. Pour les civilités, je demande :

Moi : le nom ?

Lui : Azneck Shlomo

Moi : Xavier, Sébastien Xavier Castillo

Le nom ''Azneck'', de par la consonance, me donne un petit indice sur son appartenance ''géoraciale''. Dans le passé, certains amis de AgentPRO me déclinait des noms comme: Ashneck, Hasnaek ou Nnaeck. Ils étaient d'Afrique du nord. On trouve aussi ces noms dans la Caraïbe. Ce sont des propriétaires de restos.

Entre temps, on est revenu à un documentaire sur les tribus d'Afrique. Ce sont des séquences montrant une sorte de cohabitation entre 'lions et humains.' Me croyant encore dans une série de science fiction. Je demande alors à Azneck :

Moi : comment est-ce possible ? Est-ce réel ? un homme avec des lions sauvages ?

Azneck : Dans certains villages – en Afrique- c'est possible. Les lions vivent avec les humains.

Moi : ils vivent avec les lions ?

Effectivement, à certain moment, les autres s'animent autour d'un débat, ''écologico-culinaire'' sur les variétés de cactus, de légumes et des plantes médicinales. J'en connais certaines variétés. Je reprends encore :

Moi : ils vivent avec les lions ?

Azneck : Oui. Comme tu vois !

Moi : je comprends. L'habitude. C'est logique

Azneck : Ce sont des lions sauvages. Il n y a pas d'entrainement ni d'habitude.

Moi : Comment tu expliques ce cas ?

Azneck : la diététique.

Moi : Vraiment ?

Azneck : La pratique était courante en Assyrie, à Babylone aussi.

Ils savaient le faire.

Tous les soldats, ceux du Roi savaient le faire.

Sa garde rapprochée savait le faire.

Ils passaient le 'test du lion'.

Moi : Tu parles de la fosse au lion ?

Azneck : pas exactement. Mais, c'est un peu cela.

Moi : comment est-ce possible ?

Azneck : l'alimentation !

Moi : quoi ?

Azneck : la diététique. Le régime alimentaire !

Moi : le régime alimentaire ????

Azneck : Ils suivaient un régime avant le test.

Ils pratiquaient aussi l'abstinence.

Moi : au final ?

Azneck : ceux qui réussissent le test était engagés. Les autres étaient ….

Moi : comment est-ce possible ?

Azneck : l'odeur !

Ils repoussaient le lion :

L'odeur du sang,

Les pores

Les cheveux,

La respiration,

La salive…

Le régime change tout !

La méditation fait le reste.

Moi : comme la scène biblique

Azneck : pas exactement. C'est autre chose.

Moi : pour l'alimentation ?

Il me cite alors une kyrielle de recettes, de plantes et de d'aromates. Certains me sont familiers par leurs noms. Il ajoute entre autres :

Azneck : Des groupes sont passés maîtres dans la maitrise du corps, dans la culture de l'intelligence. Les grandes agences le font encore.

Moi : C'est pourquoi elles sont puissantes.

Azneck : oui, elles ''maitriser le danger.

Elles maitrisent la mort !''

Pour les dernières déclarations, je ne fais aucun commentaire. Pour entretenir la discussion, je lui demande :

Moi : t'a parlé de la culture de l'intelligence.

Azneck : C'était répandu à cette époque. Non ?

Azneck : C'est encore aujourd'hui.

J'ai un cas particulier.

Il y avait ce peuple là.

Ils vivaient en Afrique, à l'est de la forêt.

Ils sont minoritaires aujourd'hui.

Ils venaient, je crois, du Soudan !

Ils maitrisaient l'art du cerveau !

Comme les européens !

Ils pratiquent même l'élongation du crane !

Moi : vraiment ?

Azneck : D'autres sont passés maitres dans la culture de l'intelligence, la vraie !

Dans la méditation !

Dans la spiritualité !

Tu sais pourquoi certains groupes sont si intelligents ? C'et le cas de chez nous ?

Tu sais pourquoi ?

Souvent c'est une matriarche qui commande.

Pour l'enfant, les premiers moments sont à une femme, une maman !

Jusqu'à six ou sept ans !

On en reparlera après.

Moi : quelqu'un m'en a parlé récemment.

C'est connu pour le moment.

Azneck : Chez certains, on trouve *le thème 'Nataate'.*

Il signifie : influence.

Il y a aussi ''Nakira' pour : aptitude.

Donc, avec le mot ''influencer'', cela veut dire 'influencer avec ce que tu possèdes''

Moi : une plume, une fleur, par exemple !

Azneck : ils travaillent le cerveau dès l'enfance,.

Ces pratiques remontent à L'Egypte ancienne

-Regarde l'image de la reine.

C'est la même chose !

Moi : Moi, je connais le mot ''Chivet''.

Il veut dire ''méditation'', aller vers

l'au delà.

Azneck : Exactement. Chez nous, tout

comme dans l'autre religion, on parle de

'Chiviti'.

Il veut dire : la plénitude par la

méditation.

Les ''grand peuple'' dit ''Qigong''.

Ils inventent aussi trois autres thèmes

Tout à coup, le silence reprend. Il fait semblant de ne rien savoir. J'ajoute pour insister :

Moi : trois autres thèmes ? Qui sont-ils ?

Azneck : Va au Tibet, monte la petite montagne, tourne à droite et rentre à la maison d'en face. Tu trouveras quelqu'un pour t'en parler.

Moi : vraiment ? Lui dis-je.

Azneck : Mais, non. Je plaisante.

Bon !

-Les chinois disent 'tiao chén' pour 'le corps'', 'tiao xi'' pour 'la respiration'' et 'tiao'' pour 'le cœur' '

Ta première aptitude, c'est ton corps.

Azneck : A la place des ethnies, nous avons les universités.

Nous avons les centres, les centres de formation

Les laboratoires.

Les centres de conférences

Tout.

Nous canalisons l'énergie

L'énergie de tous.

Par l'éducation.

Nous renouvelons la jeunesse.

Moi : je saisis. Mais ???

Avant de formuler ma question, j'entends, à la volée, la déclaration du jour.

Azneck : Tu peux te refaire, en entier !

Tu peux refaire ton visage, ton intelligence

Tu peux refaire ton corps en entier.

Moi : vraiment ?

Azneck : ah oui.

Moi : t'es sérieux ?

Azneck : un jour, je te montre le procédé. Promis.

La rencontre avec Azneck a été, une fois de plus, une occasion de voir 'une réalité'', une autre réalité, une autre. Au fur et à mesure, je la trouve plus complexe que je ne l'ai devinée.

A certain moment, j'ai voulu prendre son contrepied, en revanche, son sérieux me dit qu'il connait plus de moi, plus que je ne le devine. En se séparant, plusieurs autres questions sont venues en mémoire, comme:

- Peut-être, il m'a toujours vu à la Place des Lauriers.

- Peut être, il a vu mes exposés.

En effet, souvent, en méditant en plain public, je ne cache pas mon excitation. D'ailleurs, comme lui, je travaille avec des groupes, en dehors du pays.

Il est peut être un ''engagé'' comme moi. '*Les engagés se reconnaissent*'', dit-on. Souvent, je ne cache pas ma concentration en plein public. Ses propos me portent vers une autre réalité, sur moi-même d'abord, *sur monde ensuite* (un modèle de ''Weltanschauung'' comme il le dit).

Ainsi, comme une graine, emportée par le vent, cherchant la bonne terre pour l'éclosion, je continue de me rendre a la rue Van Gogh.

Au fur et à mesure, j'y développe une **dialectique essentiellement engagé**, du genre ''*faire quelque chose de bon pour ton milieu*''.

En sus, pour comprendre un peu les propos d'Azneck, je viens souvent à une bibliothèque

de la zone, la seule. C'est 'l'EthnoBiblio'.
J'y trouve toujours mes ouvrages favoris, ceux
sur l'ethnologie, sur la sociologie, la
géographie, les religions comparées et
l'économie. Au fur et à mesure, je me sens
appartenir à une petite communauté -la
**Communauté des engagés, un club des
Penseurs.** J'approfondis aussi ma pensée sur
une forme de ''déterminisme spirituel'' (une
action entraine une autre ! certains sont
merveilleux ! d'autres sont à bannir!), me
dis-je.

Au fur et à mesure, je commence réciter la
leçon, du genre *''agis pour le bien ! Fais en
sorte que les forces du mal n'occulter tes
actions !'*'. Pensant être membre d'une
communauté d'à part (*c'est l'idée que je me*

fais de plus en plus), j'ai décidé — comme un bon religieux, de pratiquer au quotidien une forme d'humanisme. Il repose sur la formation de soi et l'échange. C'est essentiellement la raison d'être de *C.F.S.D* et BaGaVa.

Au fur et à mesure, je formule des problématiques de recherches et j'explore des secteurs qui concernent particulièrement la géographie, la musique, la littérature, les ethnies et leurs histoires. Je me concentre davantage sur des champs de recherche qui concernent : la Caraïbe et l'Amérique latine. Je m'intéresse aussi à l'Afrique de l'Est. Actuellement, je travaille sur le ''reed dance'' ou ''dance de la virginité chez les femme Zulu.

Entre temps, je continue de faire mes présentations au *C.F.S.D.* Les arrangements sont faits par une entreprise locale, le TéléDisc. Je suis à ma cinquantième présentation. Chaque semaine, je prépare une séance.

J'aime aussi la méditation.

A date, 'Bagavah'' – notre groupe musical- a délivré un seul album ''Eclosion''. Je travaille sur un autre thème actuellement.

Pour mes carnets de notes, nous devons à nouveau faire un recul de 12 mois pour parler de l'origine de *C.F.S.D* et de BaGaVa. Je vais vous parler de mes rencontres avec un certain

Petter et des visites au TeleDisc.

LES GRANDES

INITIATIVES

Aujourd'hui !

J'ai trois ans dans ce pays !

Ce vaste pays !

Trois d'installation, dans ce vaste pays de l'Amérique du Nord.

Je vis encore à Québec, Québec city. Cette place me convient.

Maintenant, je comprends ce que me disait mon ami, au téléphone, avant mon arrivée: *'Ici, la vie est à mi-chemin entre le capitalisme et le socialisme''. Ce modèle est fait sur mesure, uniquement pour les d'habitants de cette Province, francophone'.*

Il a raison. Ainsi fait, depuis mon arrivée, je m'efforce de comprendre, en bon disciple, disons 'en bon citoyen''- ce socialisme '*fait sur mesure !*''. C'est un jargon d'ici. Je m'y mets aussi pour ne rien rater dans cette société. On me dit qu'elle est à mi-chemin entre socialisme et capitalisme.

On me dit que la meilleure façon de m'adapter est d'observer les gens dans lieux publics, dans les trains et dans les restos. C'est là que je comprendrai le quête ''bonheur sublime'', à la québécoise bien sur ! Un ami me dit qu'elle est dans leur manière de vivre. C'est une forme de détachement à la réalité ; une quête du graal, à la québécoise bien sur !

Effectivement, en visitant la *Place du laurier*, je rencontre souvent des compagnons, silencieux et évasif au départ mais, à la moindre salutation, qui deviennent des professeurs. Ils me parlent alors des problèmes de la jeunesse, celui de la famille, des édifices publics, de la révolution silencieuse et de la musique. Comme disent certains, les gens souffrent d'un ''déficit'' de communication. C'est peut être vrai. Je ne peux rien confirmer pour le moment.

Aujourd'hui, je dois me rendre à deux importants rendez-vous. Je laisse ma maison très tôt pour arriver le premier, à l'arrêt du bus. Je suis parti sans dire bonjour à mon frangipanier. Elle s'appelle ''Steil''.

Je laisse ma maison sans parler à Nyck, ma petite chienne qui me suivrait jusqu'à la sortie si elle était réveillée.

Ce matin, je suis le premier à me présenter à l'arrêt du bus. Je m'assois sur le banc et je vois arriver, un à un, les passagers. Ils sont silencieux comme moi. Apparemment, ils souhaitent arriver le premier à la gare centrale. Après quelques minutes d'attente, un bus jaune se pointe. Il est à l'heure. Comme d'habitude, le conducteur baisse la première marche pour faciliter la montée. Avec son bonjour sec et amical, il m'invite à prendre siège.

Comme premier passager, je m'assois à la première chaise, exactement, à son dos. Pour l'une des rares fois, j'ai la chance de bénéficier de l'attention de quelques arrivants. Certains m'ont salué du regard. D'autres m'ont fustigé du sourcil pour me dire discrètement ''*que voulez-vous ?*

Parfois, certains visages me rappellent quelques souvenirs lointains. Par exemple, l'avant dernier passager, de physionomie latine, me rappelle la dominicaine que j'ai rencontrée, un soir, à Punta Cana. D'une gentillesse remarquable, elle voulait m'emmener un peu vers le sud, à Casa de Campo pour assister à un grand concert. Elle voulait savoir tout sur moi. Malheureusement, le temps était trop court. La présentation était ratée. C'est une amitié perdue.

Généralement, dans la matinée, j'aime libérer ma pensée pour me situer entre deux mondes. J'essaie de me l'imposer ce matin. Pour le faire, je repense à de nouvelles idées, à mes projets, au reste du monde. Hier, par exemple, dans la journée, j'ai lu une thèse de doctorat. Elle était présentée, quelques années avant mon déplacement du pays, sous le thème : ''Tabou de l'inceste''. L'auteur parlait:

Du rôle sacré des tabous sociaux,

De l'universalité du complexe d'Oedipe,

Des représentations du sacré dans notre société,

Etc.

Donc, aujourd'hui, j'ai de quoi à savourer en pensée.

Je repasse aussi, dans la tête, quelques pages lues tardivement hier soir sur '*le diable et le bon dieu* ''. Cet ouvrage me permet généralement de récréer mon noumène. Comme je l'ai toujours cru : le bien vient du mal et vice versa. Un ascétisme sans issue. Je pense aussi à mes travaux de recherches, inspirés d'un grand auteur. Il traitera les thèmes comme : productivité nationale et le Q.I collective. J'adapterai mon travaille à un état insulaire de la Caraïbe.

Bref.

Depuis mon arrivée, j'essaie de reproduire mon style de vie. Elle était à vive allure avant d'arriver ici, au Québec. J'étais souvent bousculée.

Après exactement trois ans de remue-ménage, je suis encore rattrapée par les obligations de régler : soit une formalité de résidence par-ci ou soit un contrat de travail par-là.

Cela dit, depuis une trentaine de minutes, je suis dans le bus. On est déjà en route, vers la gare centrale.

Il est rempli pour le moment, en direction vers le sud. De loin, je vois les immeubles et les arbres qui défilent. Je reste silencieux, sur mon siège, en pansant à mes objectifs de la journée.

Par moment, je reviens sur terre pour écouter quelques musiques. Ce sont des succès des années 80. Elles sont diffusées par une chaine dont le nom m'échappe. Depuis le plafond de l'autobus, j'entends un mélange de genre. Il reprend certains succès des années 80 comme ''*Jo le taxi*''.

La musique qui me retient le plus date de quelques années d'avant. Elle est chantée par un artiste américain, un des grand. Avec le refrain qui revient par moment (i've got you under my skin), je comprends qu'il veut dire : *tu es dans ma peau ou tu vis en moi*. La partie qui m'intéresse le plus, est celle où le trombone, comme un albatros hurleur, reprend rageusement le refrain. Elle court sur les notes, allant du grave à l'aigu, comme fait l'albatros sur l'eau. C'est un arpège. Je suis aussi conquis par le rythme et je ne peux éviter de balancer ma tête en répétant, dans ma partie préférée: *i've got you under my skin* !

Dans la mêlée, je retiens un autre morceau. Avec son refrain en espagnol ''m*i corazon en mi maleta'', je* pense à une traduction du genre ''*mon cœur est dans ma boite ou dans ma poche*'. De style jazz aussi, elle me rappelle la scène du film MALCOLM X où, transportés par la magie du saxe, les danseurs deviennent créatifs et désinvoltes. Cette musique me fait penser à la scène où les danseurs saisissent les dames, s'envolent au plafond, pour retomber au sol, à pas synchronisés. C'est le seul morceau où j'ai cru entendre le nom de l'artiste. Je tacherai de savoir un peu plus sur son œuvre.

Après environ une heure et demi de parcours, le bus est quasiment vide. Dans quelques minutes, j'arriverai au centre de la gare. Une fois de plus, je n'ai pas remarqué le départ de certains passagers, comme celui ayant l'apparence dominicaine.

Finalement, en arrivant près de la gare - laissant le bus-, je jette un coup d'œil, comme un chef d'orchestre, à l'arrière comme si j'étais dans un concert. D'un hochement de tête, un peu familial, je salue mon chauffeur qui, à travers le rétroviseur, a compris mon dépaysement. Il me lance alors un regard mi-souriant mi-inquisiteur comme pour me dire qu'il est au courant de ce qui se passe dans ma tête.

Dix minutes après, je suis déjà dans le train et je m'empresse de me présenter à un rendez-vous extrêmement crucial pour ma carrière.

Je l'ai planifié depuis plus d'un an.

Je dois rencontrer un interlocuteur avec qui j'ai échangé une douzaine de courriels, sur mes compositions musicales, bien sur !. Sa maison de production, un nom qui reprend le mot ''*F.A*'', se spécialise dans la promotion de 'jeunes talents''. Croyant être l'un de ceux-là, j'ai préparé un dossier expressément pour ce promoteur.

En fait, avant mon arrivée, j'étais tour à tour : banquier, entrepreneur dans la construction et conseiller. Durant cette carrière, je développais, en parallèle, une passion pour la musique.

De plus, depuis la secondaire, je jouais plusieurs instruments dont : la guitare-basse et la guitare acoustique. Je compose mes morceaux. Je les arrange pour les faire chanter par mes artistes.

De par mon origine latino-caribéenne, je porte, en moi, les semences de trois mondes. Elles viennent de l'Amérique latine, de la Caraïbe et de l'Amérique du Nord.

Par ailleurs, depuis mon enfance, j'ai la chance de vivre le syncrétisme culturel, celui de la Caraïbe et de l'Amérique latine. Selon moi, cette espace -ancien territoire des Arawak notamment- est unique. Elle a toujours été la porte d'entrée aux Européens, aux Africains et aux Asiatiques (sans oublier les indigènes). Elle porte à la fois les valeurs Euro-américano-africaine. La zone est un foyer, riche, pour l'inspiration et la production. J'y trouve toujours un sujet de composition. Cela dit, je juge important de donner un compte rendu de ma rencontre avec mon interlocuteur.

En effet, après **une heure de marche**, je rencontre effectivement mon interlocuteur, à son bureau. Après une poignée de mains, je propose d'un air rassurant:

- *bonjour, je suis Sébastien Xavier Castillo. Heureux de vous rencontrer.*

-Bonjour. Moi aussi. Je suis Nielsen Fritch Petter. Appelle-moi Petter. Comme toi, je suis musicien. Me dit-il.

-*voilà mes travaux,* ai-je proposé sans tarder.

Après la salutation, je remets trois fichiers sur papiers. Je les ai recopiés sur trois disques aussi. La rencontre a été brève puisque tout a été dit aux précédents courriers.

Pour rassurer mon nouvel promoteur, j'ajoute :

-*J'ai téléchargé toutes les morceaux, par référence, sur deux disques. Les textes sont aussi codés, suivant leurs mélodies.*

Ainsi, je lui remets deux albums, de douze morceaux chacun, avec des titres, respectivement, 'l'*Eclosion !*' et '*Entre deux Mondes !*''. Pour le suivi, j'ajoute :

Moi : *A quand le prochain rendez-vous ?*

Petter : *très prochainement. Je pars demain en Europe pour un rendez-vous. Je dois rencontrer quelqu'un d'autre comme toi.*

Moi : *comme moi ?*

Petter : *comme toi. Nous nous intéressons aux talents.*

Moi : *vous êtes chasseurs de talents ?*

Petter : *oui ! On en reparlera après. Je te ferai signe là-bas. Je te mettrai en contact avec quelqu'un d'ici. Quelqu'un du jyry*

Moi : *Je vois ! Je comprends ! J'attends la suite.*

Avec mon air insatisfait, on se sépare dans le silence, le laissant partir pour ne pas le contrarier. *'Il s'agit d'une rencontre d'affaire'',* me dis-je. Toutefois, sur la route du retour, je pense encore sur la suite des évènements, avec des idées de plus en plus dubitatives, et sur mon destin dans ce projet. En revanche, je me dis que *les bonnes affaires débutent par ce genre de rencontre''.*

A l'instar du sprinter qui ne pense qu'à la ligne d'arrivée, je reprends la route de retour dans l'espoir de me rendre à l'autre rendez-vous. Tour à tour, je me sens conquis par le découragement d'un coté et la logique du combattant, du genre ''*il faut semer à tout vent*'', de l'autre coté. Au final, c'est mon instinct de d'entrepreneur qui a remporté lorsque je me rends compte que je suis en route vers l'autre rendez-vous.

Après la rencontre avec Petter, je suis encore de retour à la gare, m'asseyant à la troisième cabine, exactement à la quatrième rangée, à gauche. Une fois de plus, je me mets près de la porte, voulant faire partie des premiers passagers à laisser la gare.

Comme planifié antérieurement, il s'agit de faire un dépôt de pièces, dans une maison d'enregistrement. ''*Ceci est une occasion spéciale. Je ne veux surtout pas la rater. Je doit déposer cette version, mieux arrangée, à cette maison d'enregistrement*'', me suis-je dit en m'y rendant.

Selon les dires, cette entreprise, portant le nom '*Folies d'Artiste*', est subventionné par le Gouvernement. Elle recherche des talents particuliers et des gens ayant une aptitude remarquable. C'est une entité du Ministère des affaires étrangères. Sous le contrôle d'un jury, un club de sept artistes expérimentés, le thème retenu sera enregistré gratuitement, me dit-on. La nouvelle a été d'ailleurs confirmée par Olsen, un ami de longue date. Par courrier, son message a été bref. C'était quelque chose comme : ''c'est urgent, le thème est libre'. M'a –t-il précisé.

Pour me mettre au diapason, j'ai préparé un projet, sous le thème ''éclosion'', avec des aires mi-classique mi-modernes, qui comprendra des mélodies un peu spéciales, c'est-à-dire : celles qui traduisent, en essence, ma philosophie de la musique. Je les arrangent pour qu'elles traduisent des aires ''d'entre deux mondes'' ou des thèmes d'engagement. J'arrange d'autres pour des révélations, du genre *'un bout de l'univers en mélodies, une forme de flute enchantée.* J'ai essayé aussi synchroniser : ''mots et notes'' voulant être le mieux réaliste que possible. Selon moi, tout comme 'le temps et la vitesse- intimement liés- l'œuvre musicale doit être un 'instant de communion' entre : l'univers des mots et celui des mélodies ; le mot étant pour l'esprit et la note/mélodie pour la transcendance. *'C'est un voyage d'Enée dans l'au-delà, dans sa barque avec ses mélodies',* m'a dit mon ancien prof.

Ainsi, pour concilier ma propre conception de la musique et les attentes du jury, j'ai soumis certains titres qui, traduiraient- au grand public - mon engagement d'artiste ou mon élan de créateur. D'ailleurs, '*une œuvre est une affaire personnelle tant qu'elle n'est pas dévoilée au public. Un artiste est un magicien. Les jugements du jury donneront vie à mes mots''*, me suis-je dit. Ainsi, pour mettre en pratique ma compréhension du sujet, je me rappelle avoir composé un refrain comme :

Entre deux mondes

J'vis dans deux mondes

Le corps vit au visible

Je me bats, contre moi

J'suis prisonnier du corps

Je suis cloué au sol.

Il m'amène à la poussière

Tout devient majuscule.

Ainsi fait, je prends le train en direction de mon second projet.

Je reste silencieux sur mon siège.

Comme l'aigle qui prend l'élan pour se rabattre sur le sol, je reste immobile, sur ma chaise, pensant à des foules, des mélomanes inconnues qui, d'une manière ou d'une autre, apprécieront certains des propos. Comme dirait mon ancien prof : '*ils comprendront l'élan d'artiste. Ils passeront par le trou noir. Ils verront l'nvisible*'. En effet, chez nous, dans la Caraïbe - sur toutes les cotes de l'Amérique latine-caraïbe également-, un mot suffit pour monter ''un grand carnaval''. Dans l'ancien royaume, les prêtres et les musiciens étaient les mieux protégés. Chez nous, un musicien est un médecin-guérisseur, il soulage comme le médecin. On dit aussi que, dans le passé, on les plaçait (les artistes), en tête de l'armée. Ils marchaient en chantant, exempts de tout menaces voire de la part de l'ennemi. Quant à moi, j'aurai le privilège d'appartenir à ce clan, un clan à part. J'aurai l'honneur d'appartenir à ce club du genre ''*miroirs de l'âme*'', pour faire Cocteau.

Une fois de plus, en cogitant sur le métier d'artiste, je reste silencieux sur ma chaise, en pensant à ce rendez-vous.

Le train roule.

Je roule aussi en pensée !

Je ressens par moment le grincement des essieux, en contact avec les rails !

Dans la course, je ne fais qu'observer cette gallérie souterraine.

Je reste émerveillé !

Je pense aussi à ce génie qui a conçu ce monde spécial : ces suites souterraines.

Tout s'organise !

Le temps, les secondes se synchronisent avec les battements, les battements de coeur.

A l'arrivée du train, un groupe descend et un autre remonte.

Comme je le constate toujours : c'est ici, dans le train que le concept ''immigration'' a toute sa signification. Parfois, sur un même banc, au mètre carré à peu près, je vois quatre passagers s'exprimer dans quatre langues différentes ; chacun dans sa langue maternelle.

D'autres fois, un visage rappelle le moyen orient ou l'Europe de l'est. Il est suivi d'un latino ou d'un géant venant d'Afrique de l'est. Dans le train, je me sens toujours au centre d'une mégapole, un univers ''cosmopolite''. La dernière fois, j'étais en face d'une étrangère. Elle me parlait, elle criait. J'entendais des propos comme ''**Ngun.. Gun ! Nduck… Yamulo !** what tak ..

Kayamusaka ! Wuya! Wuya ! Kunsaka !''.
Malheureusement, je ne pouvais rien lui dire.
Je souriais simplement. Cependant, en descendant le train, une autre passagère me disait : ''Monsieur, Monsieur ! Tes chaussures ! Elles sont différentes ! L'une est marron ! L'autre, noir !''. A ce moment, je comprenais le premier message, celui qui a le mot ''Wuya… Wuya…Kunsaka !.

Cela dit, après une heure et demi de parcours, je me trouve à l'autre extrémité de la ville et je laisse, avec regret ce voute souterrain.

Décidé, je prends l'escalier de sortie, remontant vers là-haut. Comme planifié dans la matinée, j'ai fait le dépôt de mon dossier, à la maison d'édition, comme une lettre à la poste.

En fait, je confirme que le projet est un programme du Gouvernement. Chaque année, la maison lance ce genre de concours, mais, cette année, elle l'a anticipé pour des raisons inavouables.

Ainsi, après une journée trop chargée selon moi, j'emprunte la route du retour pour me rendre au bercail. A ma rentrée, je revois ''Steil'' et Nyck qui dormaient dans le salon.

Je m'assois calmement, en revoyant en face le ''*le diable et le bon dieu*'' que j'ai parcouru hier soir. Au repos, je me laisse gagner par

les mélodies d'un ''Cool jazz''.

Deux mois se sont déroulés depuis la dernière rencontre- celle avec Petter. J'apprends qu'il a été admis d'urgence à l'hôpital pour un traitement médical. J'ai été en contact avec son associé. De sa bouche d'ailleurs, j'apprends, à ma grande surprise que Petter est membre du Jury au ''Folies d'Artiste'' et que mon dossier a été retenu.

Etant sur la liste des artistes subventionnés- le jury a retenu d'ailleurs deux finalistes- j'ai reçu deux propositions, c'est-à-dire, soit je monte mon propre groupe soit je cède mon droit d'auteur, au F.A d'ailleurs. En bon entrepreneur, j'ai décidé de monter le groupe, avec un clan de cinq pro. Dans les semaines qui suivent, on a rempli les formalités légales, dont l'enregistrement commercial et le dépôt des droits d'auteur, et on a donné vie, à plus d'une vingtaine de morceaux.

Au moment du lancement, j'ai proposé plusieurs noms, de consonance anglaise et française. Dans la liste, on a retenu ''**Bagavah** ou B !. il a été retenu pour faire allusion à la coutume et à l'âme indienne.

Nous formons alors un corps de cinq membres.

Tour à tour, nous sommes invités à plus d'une cinquantaine d'activités. Elles viennent notamment des restos, de certaines discothèques et clubs- certains sont de renom. Ainsi, nous nous rendons tour à tour au :

- Bon Vent Club,

- Discolibre,

- La Passerelle,

- Cluc des Grands,

- En Clin d'œil,

- Mélo Club,

- Club Doré,

- *DoReMi Resto'*

- Club des Princes,

- Diva Club,

- Bamboo Club,

- etc.

Nos morceaux sont souvent chantés sous les rythmes de jazz. J'y ajoute parfois les tempos du reggae, de la Bossa nova et du Soca. Nous nous différencions surtout par nos improvisations ! Par exemple, lors de notre dernière présentation au ''*Petit Moulin*'', nous avions repris pour la centième fois l'une de notre première composition. Elle a été chantée sous le rythme du jazz. Son titre '*celle qui me fait marcher*' rappelle vaguement ''*cry me a river over you* !'' mais, sous un air plus rythmé, plus rapide.

A chaque prestation, elle fait monter dans la foule: un ton grave, une forme de pleure silencieuse. A certain montent, elle me fait penser à Ray dans ''*georgia* !''. Par moment, exactement dans la transition dans le refrain – je sens la tension au fond de la salle.

Dans la dernière prestation, je voyais Ryan perdre sa voix avec la foule. Ensuite, il regardait le plafond. Moi, je faisais de même. Nous recherchions, là-haut, la voie des étoiles. Généralement, je considère ce genre de prestation comme des thérapies en plaine air – comme une vraie scène de cuisine. Comme dans une cérémonie, je demande toujours à l'équipe de 'métamorphoser'' les mots. Selon moi : ''*chaque titre est une transe, une forme d'extase*''. Cela dit, avant chaque prestation, nous réunissons pour simuler des émotions comme :

- Le regret,

- la tendresse,

- l'étreinte,

- la joie,

- la naïveté,

- l'envie de pleurer,

Souvent, Diane nous demande de raconter une histoire ou un acte lugubre pour faire remonter, en nous:

- la folie,

- les souvenirs d'enfance,

- les pleurs,

- l'en vie de pardonner,

- le devoir.

- Tout qui met votre cœur en fumée.

En effet, Diane le premier des associés. Je l'ai rencontrée lors de ma visite au ''*Folies d'Artistes*'', la maison de disque. Elle aussi voulait intégrer un groupe musical.

Je me rappelle, à date, certains propos de la première rencontre. En effet, à la première salutation, elle m'a précisé tout le nom, disant

Diane: Murielle Diana Sanchez.

Moi : Murielle ? Tu as Murielle dans le nom ?

Diane : Oui, Murielle. Le nom complet est : Myrielle Mégane Diana Calderon Sanchez.

En effet, Calderon me rappelle un entrepreneur déjà rencontré, là-bas à Carthagène, en Colombie. Je reprends alors :

Moi : Caldon Baetz ? Tu connais ?

Diane : Non. Malheureusement. Et toi ? Quel est le nom ?

Moi : *je suis Sébastien Xavier Castillo. Ancien boxeur. J'ai battu Mike Tyson. Je vais remplacer Therminator. Je pars demain à Hollywood. Voilà !*

Ok !

Je plaisante !.

Venons au fait !

Je travaille sur plusieurs projets actuellement dont la musique.

Par la suite, on s'est échangé le maximum d'informations concernant:

- la musique,

- l'école,

- l'immigration,

- les études,

- le système de santé au Québec,

- etc.

Mais tout à coup, elle reprend :

Diane : *je vois. T'as assez en main. Ton temps est doublé.*

Moi : *oh, non, je travaille le soir aussi. Je me recherche encore.*

Diane : je comprends.

Moi : je veux comprendre quelque chose. Pourquoi 'Folie d'Artiste'' est une entité du Ministère des affaires étrangères ? Pourquoi Petter fait partie de ce jury ?

Diane : va lire l'histoire des satellites.

Va lire l'histoire de Von Braun.

Moi : Quel rapport ?

Diane : pense aux milliers d'artistes qui sont dans le monde.

Pense aux talents, sans engagements, un peu partout dans le monde

Moi : je ne comprends pas.

Diane : ok ! Pense aux sportifs !

J'étais au courant du projet, dès le début.

Ils recherchent des talents.

Ils vont partout.

Ils recherchent des gens qui ont une aptitude quelconque.

Moi : ici ou ailleurs ?

Diane : ils sont partout.

Ils recherchent les talents qui sont ici

Ceux qui sont dans la Caraïbe,

En Amérique

En Afrique.

En Europe.

Ils sont partout.

Moi : s'ils ne sont pas intéressés ? les artisles ?

Diane : il y a toujours un moyen pour les attirer.

Si vous ne les choisissez pas, n'importe qui prendront leurs places. Le pays paiera plus cher.

Ils font la même chose pour l'immigration.

Ils font la même chose pour le sport.

Ils font la même chose pour les Universités.

C'est logique !

S'ils ne le font pas. Ils paieront plus cher dans le futur.

En le suivant, je commence par découvrir sixième sens en elle, un prolongement de BaGaVa. Je la vois généralement comme introvertie et talentueuse. Étant une introvertie, elle ne montre pas d'assurance en soi. Mais, à l'œuvre — en chantant notamment- elle n'est que ''Assyla'' — la Didon de Cartage- la patronne qui doit sauver la ville.

Ainsi, prend naissance BaGaVa !

Ainsi prends naissance un club de cinq pro,

des passionnés

Ainsi prend naissance un album '' éclosion !'

Ainsi prend naissance un projet.

Ainsi, je me sens petit à petit, appartenir à

une nouvelle communauté, celle des artistes.

Ainsi reviennent, au fur et à mesure, des

souvenirs d'enfance – des projets d'enface-

que j'ai, soigneusement, notés dans mes notes.

Généralement, à la tombée du jour, je m'allonge dans le salon, entouré d'un grand pot en fleur, à ma droite, et une grande statue, un peu bizarre à ma gauche, faite en bois. Elle me rappelle '*la course des deux âmes*', peinte ingénieusement par un artiste de la Caraïbe. Assis sur mon divan, je suis parfois certains programmes offerts par une chaine locale, l'une des meilleures selon moi.

Pa moment, l'opérateur – pour moi très créatif- met en en premier plan une bande de cacatoès. Ils veulent s'introduire illégalement au foyer d'un aras, un variété de perroquet. L'instinct animal, l'équivalent de la ''légitime défense'' ou du ''droit de propriété' chez nous, tourne la visite en bagarre. Dans la mêlée, vous avez l'impression d'entendre: ''*de quel droit, osez-vous vous introduire chez-moi ?*''. Alors, l'imposteur repart, silencieux et bredouille, et on comprend que l'animateur veut insister - par la tournure de l'événement- sur le sens du droit – le droit de propriété- en règne animal.

D'autres fois, je m'arrête sur un autre documentaire, fait l'an dernier, sur l'état de l'Amazonie. Il me rappelle vaguement le drame de chez moi (celui de mon père) qui montre la déforestation à grande échelle, entamée depuis une cinquantaine d'années. Mais, la scène qui m'intéresse le plus, concerne l'abatage d'un arbre, une espèce endémique, sur la cote atlantique. Elle est prise, peut-être, à partir d'un hélicoptère par une camera infrarouge car les scènes se déroulent la nuit. L'espèce grandit en plusieurs variétés; il retient les sédiments dans les mangroves, il sert d'incubateur aux tilapia. Il est aussi au centre de la forêt. On l'exploite pour l'exportation et pour les industries locales.

Parfois, l'opérateur parcourt avec moi, avec sa caméra depuis sa position en hélicoptère, la cime des arbres et, comme un chef de cérémonie, il présente la diva de la forêt. C'est un oiseau, semblable au colibri de la Caraïbe. Il donne l'impression de multiplier sa voix par mille décibels. Comme les électrodes, ses ondes parcourent les quatre coins de la forêt. C'est l'artiste engagé, celui de la forêt.

En effet, en suivant ces scènes, des souvenirs me reviennent toujours à l'esprit, me rappelant par moment des ambiances inoubliables, des scènes d'enfance qui ne reviendront jamais, il y a une trentaine d'années. C'était la folie! C'était le moment des inventions infantiles !

Par exemple, à cette époque, durant l'enfance, je jouais au ''mots secrets''. C'était un jeu à pratiquer avec: *deux partenaires, un bout de fil et deux verres*. Naïvement, je commençais à découvrir (c'était l'instinct d'enfance) la magie des mots, pensant qu'ils voyagent dans le vide comme, font les oiseaux.

Ainsi, je répétais à voix basse dans mon verre des 'mots secrets' et, naïvement, je les transmettais *(ou : je croyais les transmettre)*, à l'aide du fil à mon interlocuteur. Il se trouvait à l'autre extrémité du fil, avec son verre. A la fin du jeu, comme par magie, on se répétait de part et d'autre les mots entendus de l'autre extrémité. Avec le temps, on inventait des mots de plus en plus bizarres. On voulait tromper le partenaire. Nous étions en possession d'innombrables bouquins, parfois, on volait des pages de livres. On apprenait aussi de nouveaux mots. On était des devins- *on se croyait devins pour le moins-* capable de lire la pensée des autres.

Plus tard, je découvrais la '' *la pluie des mots'*. C'était un jeu à pratiquer sous la pluie. Il était le même (et c'est encore le cas), dans la Caraïbe comme en Amérique latine, sur les côtes caraïbe. Lors des averses, on s'agitait ca-et-là sous la pluie, pour attraper les gouttes de pluie. On voulait qu'elle tombe exactement sur nos têtes, au beau milieu du crâne. Moi, je pensais qu'elles tomberaient avec un 'mot'. C'était la *'pluie des mots' et* on faisait la cueillette des mots, en mode infantile.

J'aimais aussi les cerfs-volants et je m'intégrais souvent dans des bandes -parfois des clans de cinq copains- pour mes projets. On se mettait toujours en compétition pour faire le cerf-volant, le plus gros que possible. Le mien faisait généralement ma taille, en hauteur. J'y écrivais toujours mes mots 'fétiches', celui de ma maman et, surtout, le nom de 'mon amourette'. Souvent, avec les turbulences créées par le vent, je me faisais trainer par mon géant cerf-volant, trop gros pour ma taille.

D'autre fois, quand le calme revenait, je l'observais (mon cerf-volant) là-haut. Il se balançait à droite et à gauche me rappelant les gestes de Steeve Wonder que je regardais, à l'époque, à la télé. C'était ''*I just call… to say… I love you! I just call … to say.. how much I care !*''. Je le regardais là-haut et, dans le silence, mon cerf-volant me regardait aussi. Il était loin de moi, loin de la terre, près des avions. C'était la folie d'enfant, l'époque d'éclosion.

J'avais aussi mon petit laboratoire, pour mes inventions.

Oh oui !

C'était un petit espace, à l'arrière de la cour.

J'y faisais mes travaux.

J'avais des pierres, petites et moyennes, pour mes calculs.

J'avais des fils en nylon pour les mesures.

J'avais aussi trois récipients (*des mini-éprouvettes*) pour d'autres mesures.

C'était de la folie.

Cela dit, je suis, peut-être, prisonnier d'une envie de reprendre (*disons : de vieillir avec*) ces folies d'enfance, cette fois-ci, loin de chez moi, loin d'une époque.

Etant chef d'orchestre aujourd'hui, au BaGaVah et au C.F.S.D, mon mot d'ordre est quelque chose, du genre, ''*offrons le meilleur de nous-même au public ! Avec la meilleure qualité ! Avec l'élan le plus humaniste que possible !.*'' Dans touts les clubs, du ''Bon Vents'' au ''Bamboo Club'', nous nous efforçons de mettre d'offrir- à la québécoise bien sur !- ces folies d'enfance. Nous y mélangeons tous les ingrédients dont : la musique elle-même avec la méditation, l'oublie soi, l'échange, les rêveries, le refoulement et le rire ; une sorte de chou-fleur !. Le public apprécie toujours ces initiatives. C'est un deal, toujours réussi, du genre ''Win-Win ou Gagnant-Gagnant !''.

En effet, quelques temps avant la visite au ''Folies d'Artistes'', j'étais en dehors du pays, en Amérique latine, pour une mission qui a amené 'C,F.S.D'', le centre de formation. Je dois faire un recul en arrière pour vous parler de cette mission.

LE PARCOURS

VERS LA

FORMATION

L'an dernier, j'étais loin du pays, en mission de travail. J'étais quelque part en Amérique Latine, en compagnie d'anciens collègues comme : Klauss, Ramon, Giordi et autres. Après avoir laissé AgentPRO, je me rappelle les avoir envoyés un court message, du genre : *quid des ateliers de travail ?* En réponse, ils m'ont proposé trois programmes que j'avais déjà montés avec eux, avant mon départ. Ce sont des amis de longue date, ils me sont familiers. Durant les cinq dernières années, on a visité, ensembles, plus d'une trentaine d'aldea (je crois qu'il signifie : *village*).

On a été en tour à tour en Amérique Latine, dans la Caraïbe et quelques part en Afrique de l'ouest. Étant au courant de des facilités linguistique, ils m'ont invité à animer des ateliers de formation, une douzaine de séances d'entrainements. Après l'invitation, je rassemblais mes documents de travail et, comme un habitué du circuit, je me rendais là-bas.

J'étais là-bas !

En Amérique latine !

Sur la côte atlantique !

J'étais près de Barranquilla, la ville des Carnaval, comme L'Avenue Barranquilla dans la Caraïbe, en Haïti.

J'étais à Cartagena !

Selon moi, Cartagena est la ville des mystères. Personnellement, je les interprète à triples vues. En effet, durant deux siècles, elle était après 'Veracruz' la porte d'entrée de colons et d'esclaves, en Amérique latine. C'est là que se croisaient, sous le regard des chefs, les frères venus du continent noir. Ils partaient ca-et-là, jusqu'à Bahia, au Brésil. Durant l'enfance, on me disait que la ville s'ouvre, par une voute souterraine, à une autre ville de la Caraïbe. Elle date de la dernière expédition de Ducasse, le gouverneur de Saint Domingue, vers 1698.

Cette ville porte une partie de ma mémoire, une partie de mon enfance. C'est là que je jouais aux '' *pluies des mots*' et aux *cerfs-volants*. Cette ville n'est pas différente des certaines cette partie de la Caraïbe dont Haïti. Les jeux sont les mêmes. Les enfants sont pareils, à part pour la langue. Les tambours fait vibrer les âmes comme c'est le cas là-bas. Le chant des coqs rappelle la levée du jour. Les colibris qui butinent aux hibiscus sont les mêmes. Les façades des maisons rappellent la saveur des plats, toujours pimentée.

Finalement, la ville a un destin unique, le seule dans la zone. Toujours convoitée pour sa position, elle constitue un maillon (peut-être le dernier), dans une histoire millénaire. L'histoire date de Carthage, au temps d'Hanibal et elle prend fin, à '' Carthagène du levant'', sa sœur jumelle, en Espagne, dans la Méditerranée. Stratégiquement, elle a fait basculer, lors du traité de Ryswick, la partie

ouest de Saint Domingue aux mains des
Français, c'est-à-dire : elle a jeté ' un
morceau d'Hispaniola, ce bout ile de 27,000
km2'', à la colonisation française, aux
héritages français. L'acte de naissance
d'Haïti est à Carthagène des Indes, en
Colombie, dit-on. Cette ville est intimement
liée à Haïti. Pour le reste, *à savoir : visite
de Bolivar en Haïti sous Pétion et retour au
bercail par le quai de Jacmel*, on ne peut que
deviner ce que l'histoire a voulu faire entre
elles.

'

Dans cette ville, le mot ''parler'' signifie
autre chose que celui du Québec. Il veut dire
''*ouvrir son âme à l'autre*''. La parole fait
vivre. Elle tue aussi. C'est la même chose

dans la Caraïbe. Les âmes sont sensibles dans les deux contrées, comme c'est le cas, ici, au Québec.

C'est là que je me trouvais récemment, après une courte visite sur la grande place, devant la Cathédrale Primada.

Cela dit, les thèmes de formation concernait particulièrement ''*la finance personnelle, la microfinance, la création d'entreprises, le montage de projet.* En m'y rendant, j'ai découvert qu'il s'agissait d'un projet pilote monté sous le thème « *Taller de Inclusion Financiera ou Atelier de travail sur l'Inclusion Financière ou 'TinFin* ''. Le sponsor, un promoteur immobilier, voulait

encadrer les micro-entreprises de la zone.
''.

Généralement, ces ateliers me font penser au concept ''intérêt personnel'. Il est, selon moi, universel que la 'loi de la gravité' ou le 'complexe d'eodique'. Durant les séances, je faisais des démonstrations sur l'utilité, parfois pécuniaires, de ces ateliers. ''Celles-ci sont montées, sur mesure, pour votre développer la zone. On les a monté expressément pour vous.'' leur disais-je. Ce qui était vrai. Ce faisant, je sentais monter de d'adrénaline, en eux. Je voyais la motivation dans leurs démarches.

Globalement tout se déroulait comme prévue. Parfois, on faisait face à des cas extrêmes comme celui de la reforme agraire. De souvenir, je me rappelle avoir entendu une question du genre: *est-ce qu'il faut poursuivre une institution -la plus importante du pays- pour avoir saisi les terres des habitants ?''*. Voulant garder ma neutralité, j'avalais mes commentaires. D'ailleurs, il était aussi d'actualité dans d'autres pays de la zone, chez moi également. Comme disait mes collègues, on était là pour une séance spéciale. *'Fallait pas aller plus loin que la mission'',* répétait Klauss dans un accent mi-allemand mi-espagnol.

Durant le séjour, on se rendait au bar
''*Matiz*'' *qui,* dès l'entrée, nous offrait
''*la salsa*'' en plein air. On entendait par-ci
les percussions de la batterie et par-là les
mélodies des saxes. On voyait ca-et-là les
photos de Pablo, les images du Jazz d'Orléans
et une fresque de Lincoln. '*Le propriétaire,
s'appelle, Baetz*'', me disait —on. Souvent, je
demandais expressément la 'Yamulemao' ou
'Diamoule Mawo', pour penser à la longue
polémique entre Joe Arroyo (maitre de
Yamulemao, la seconde version) et Laba Sosseh
(maitre de 'Diamoule Mawo', l'original). Dans
la mêlée, je savourais aussi el 'Manisero' de
Papaito, en ''live'' bien sur. Je cherche
encore le lien entre cette version cubaine-
et ''*Bèl Ti Machann*', un autre succès d'Haïti,

composé, me dit-on, par Skah Shah No 1, un groupe d'Haïti.

A la fin des séances, à ma grande surprise, j'étais face d'une proposition et j'entendais des nouvelles ca-et-là comme. ''*Le promoteur veut m'engager ! Le Comité a retenu ma candidature !, etc.* Ce qui m'a contraint de solliciter, avant mon départ, une rencontre avec ce comité ou avec l'un des promoteurs. En m'y rendant, j'ai été en face du propriétaire de Matiz. A sa rencontre, j'entendais :

Victor : c'est moi, Victor Caldon Baetz.

En l'entendant, je me rappelais avoir entendu le nom ''Baetz'' dans la zone. J'ajoutais alors :

> *Moi : J'ai entendu, quelque part, dans la Caraïbe, des noms pareils comme : Batzley, Batz ou Bazile.*

En réponse, il m'apprenait que le nom venait plutôt d'Espagne. Sa famille est arrivée dans la zone vers la fin de 1890. Un groupe est resté à Cuba, une autre en Floride. Plus tard, après la crise des années 30, elle est allée s'installer en à New York puis à Detroit. Ils ont investi dans l'immobilier. Vers les années 70, ils ont encore déménagé pour se rendre à Los Angeles. Finalement, la dernière génération- comme lui (Baetz)- s'est rendu dans la zone, à Cartagena. Là, ils ont investi dans l'immobilier et dans l'hôtellerie.

Je commençais alors à comprendre la proposition, son histoire et sa vraie motivation. Pour l'entrepreneur, soit je représente un grand marché soit je suis celui qui peut porter le projet vers un grand marché, celui du Canada. Il m'observait attentivement lors des ateliers. En effet, je parlais couramment, des opportunités d'ici, de ce grand marché. Pour être sûr de sa proposition, j'ajoutais alors :

Moi : Bon ! Revenons au programme. Pourquoi ce projet ?

Pour me répondre, il précisait :

Baetz : regarde ces gens.

Regarde la zone.

Ici, tu vois des milliers d'arbres.

Ils sont vieux de cent ans.

Tu es à la rentrée de l'Amazonie.

Regarde là-bas, les terres sont fertiles.

Elles sont immenses.

Tu as la richesse ici.

Tu dois la protéger.

C'est avec ces gens que tu dois commencer.

C'est avec eux que tu vas travailler.

Ils t'aideront à protéger la zone.

Ici, tu as la richesse. Mais, il faut savoir comment la protéger.

Pour la proposition en suspens, j'ajoutais :

Moi : Pour le moment, je ne peux rien confirmer. Je te rependrai à mon arrivée au Québec.

Baetz : J'attends la confirmation, disait-il. *On attend.*

Après la rencontre, je suis parti le lendemain matin, très tôt dans la matinée. Après les turbulences sur les côtes de la Caraïbe, je suis rentré chez moi, retrouvant mes chers, retrouvant ma vie. Mais, le souvenir de la zone hante encore mon esprit, notamment, pour ses flamboyant toujours luxuriants, le chant des oiseaux semblable à ceux de la Caraïbe, la façade des maisons qui rappelle l'histoire de l'ancienne Saint Domingue, les symboles qui

rappellent Québec et les deux statues – hommes
et femmes face à face- de la place …., à
Cartagena.

Après deux semaines d'échange - environ une
demi-douzaine de courriers ont été échangés
entre nous, Finalement, J'accepte le contrat
sous la condition de le piloter à distance. La
proposition a été faite au dernier courrier
et, en réponse, le message de la part de Baetz
a été bref. Il était du genre '' **Ceci nous
convient. Nous l'acceptons''**.

Cela dit, comme un bon cuisinier, je prends la
tenue d'un chef va ''mettre en valeur'' les
richesses d'un endroit unique (*ce petit
village*), Cartagena. Je sais qu'elle regorge

d'ingrédients comme mon pays d'enfance, non territoire dans Caraïbe. Lors de mes interventions, j'y voyais: La terre, l'eau, la végétation, la culture, les gens. J'aime la zone pour la faune et les arbres. Ainsi, j'invente sans ambages mon système de formation comme je le faisais auparavant, comprenant quatre piliers, c'est-à-dire: un représentant de terrain, un liaison de communication par satellite, un calendrier de travail et des rapports. Comme un chef d'orchestre, j'exige aussi un système de téléconférence que je compte piloter entre mon bureau et mes centres de formation.

Pour le reste, j'ai donc contacté une maison d'enregistrement ''Télédisc''. Elle est à

Québec. Elle s'est chargée de la transmission des programmes, en version numérique d'une heure de temps. Après cet engagement, je me dis avec satisfaction :'' avec le C.F.S.D, *après deux ans, ici, je vais me rendre utile à ce pays*''.

Effectivement, on a monté plus d'une dizaine de centre dans les six premiers mois et le contrat prévoyait d'en ouvrir d'autres dans les villages d'autres territoires, sous le nom 'Centre de Formation Spécialisée à Distance ou C.F.S.D'.

A chaque séance, je tombe sur un cas spécial, qui demande plus de recherche et de réflexion que je ne l'ai voulue. Par exemple, durant les premières séances, on parlait de la crise immobilière dans la zone. Eux, ils voulaient s'en prémunir car ils étaient affectés aussi. Un jour, on s'agitait autour d'une question du genre '' *entre le Chili, le Mexique et l'Uruguay : qui est bon élevé ?*' Tour à tour, j'entendais des arguments les plus académiques et je comprenais que certains de mes participants sont devenus plus en plus exigeant.

Récemment, j'ai formulé moi-même une question, comme ''*Qu'est ce qui est commun à tous les pays de l'Amérique Latine ?*'', j'entends des réponses comme :

- ''Moi,

- la Citibank,

- MacDonald,

- l'Amazone,

- Pablo Neruda,

- la beauté

- le Dollar

- etc.

A ce moment, j'ai conclu, en plaisantant :

- *'il est au Québec. C'est le Parc de l'Amérique*

  Latine'.

  La salle reprenait alors *''est-ce que nous*

  devons créer, chez nous, 'le Parc du Québec ?'

Ainsi est né CF.S.D

Ainsi je reprends contact avec mes racines.

Ainsi je deviens un formateur de terrain.

Ainsi, je fais de mon bureau, ici au Québec, une plateforme d'échange entre des centaines d'auditeurs, tant en Amérique latine que dans la Caraïbe. Ainsi, j'importe la chaleur de Cartagena. J'y importe aussi la culture, toujours chaleureuse.

Ainsi fait, je dois clore l'exposé sur mon parcours dans ce pays. D'ailleurs, il me reste peu de notes. Pour le terminer, je vais repartir à zéro, en partant de mon arrivée. Je vais parler de mon premier boulot et les premières leçons apprises. C'était le moment d'essai, ma 'quarantaine'' à la québécoise.

Durant les premiers moments, j'ai été employé à l'entreprise ''l'AgentPro… ou l'APro…'', *une entreprise* de distribution de colis, uniquement, aux à Québec. J'y ai été affecté six mois après mon installation dans ce pays. Selon ce contrat de travail, j'ai été engagé à la livraison de colis. A un certain moment, j'étais l'employé modèle. J'ai été même décoré pour ma ponctualité.

Avec ma petite fourgonnette (*si petite que je pouvais la porter moi-même lors de mes déplacements*), j'adorais prendre la route. Je me rendais un peu partout dans cette province : soit vers le nord pour une livraison soit vers le sud pour des commandes. Je rencontrais des gens merveilleux – des patrons pour la plupart- et je tombais sur camarades, immigrés comme moi, qui me montrent (c'est encore le cas) ce que signifie ''*la chaleur à la québécoise*''. D'autres m'ont montré, au contraire, le sens de la ''*froideur' (le vraie)*. Au fur et à mesure, Je me sentais (et c'est encore le cas) imprégné dans un écosystème, *pour moi* ''*pittoresque.* *Avec le temps, j'ai été conquis*, à mon insu, par le rêve, le charme de cet endroit. Au premier moment, certains endroits m'ont tout de suite conquis, par leur singularité et les souvenirs qu'ils suscitent tant en histoire qu'en littérature. Au fur et à mesure, je me sens appartenir à une forme de monastère, une clinique à ciel ouvert. A mon insu, elle m'a permis de me réévaluer, de me remettre en question. Je me disais souvent : ''*je peux intégrer d'autres secteurs. Je vais me rendre utile dans d'autres activités.*'' J'en étais sur *!*

En sus, par simple visite à certains endroits, j'y ai tout de suite perçu une représentation, grandeur nature, de mon propre 'àtà'', j'étais moi-même prêt pour les explorations, pour la méditation. Parmi eux, il y a: *la Place des Lauriers, Le petit Détroit, La rue Van Gogh, La rue ''mille fleurs''*.

Par exemple, la rue des *Mille fleurs*, m'a viscéralement influencé. Construite sur une allée de deux kilomètres, elle a l'aspect d'un voute à ciel ouvert. Elle semble construite, en seule pièce, par un engin d'extraterrestre. Des vitres géantes la bordent de part et d'autre. A la marche, vous ne voyez que vous-même. En m'y rendant parfois, j'ai l'impression que le décor a été voulu (disons : décidée) par une décision d'état. Le ''*jeu du regard*'' rappelle '*les confessions*'' de Rousseau. Quelque chose d'invisible vous regarde. Peut-être votre conscience !. J'y ai vu aussi, sur la grande façade, des images de l'orchestre philarmonique. Elles montraient les jeunes violonistes de la ville. En haut de l'affiche, il y avait une inscription du genre : ''*la transition est assurée* !'.' En visitant cette rue, faite à la Cocteau, j'ai tout de suite réalisé qu'un jour où l'autre, je me consacrerai, à l'aventure musicale.

Il me vient à l'esprit un autre endroit. C'est: ''*Le petit détroit*''. C'est un coin bourré de souvenirs et de photos d'artistes. Ceux qui ont séjourné dans la ville. D'ailleurs, le nom a été donné par l'un d'eux, il y a de cela trente ans. ''*Ici est un petit détroit*'', disait-il lors de son dernier passage. L'espace est, symboliquement, un rassemblement (coopération à la québécoise) entre chinois américain, français et italiens. Par exemple, vous y voyez une suite de petits bars, avec de noms cosmopolites, comme :

Le Bizet!

Yin Bar!

Castafiore!

Bizango!

Vous y voyez un grand insigne, fait en rayons lumineux, disant : Gnothi! Moi, en mémoire, j'ajoute toujours ''seauton'' pour rappeler, instinctivement, le philosophe.

C'est au 'Petit Detroit'' que j'évalue, froidement et en entrepreneur rationnel, les opportunités de ce pays. Tout à tour, aux heures de repos, je laisse ma fourgonnette (*ma petite fourgonnette, devenant trop petite pour ma pensée*) pour me rendre à cette place.

Mais…

Un matin !

Après un an et six mois d'installation !

Après un an de service à l'AgentPRO !

Un accident met fin à ma carrière de distributeur.

Ce matin là, je me rappelle avoir laissé le boulevard *Duchenne*, celui qui part vers le sud et, soudain, j'ai vu ma petite fourgonnette se renverser, en plein milieu de la route. Plus tard, on m'a rapporté qu'elle était écrabouillée et, par miracles, j'en suis sorti vivant, en dépit des fractures. Après des aller-retours en diagnostic et en quelques traitements (durant trois mois), j'ai décidé de prendre d'autres directions, mettant un terme à mes services.

Je laisse AgentPRO

Ainsi fait, je reprends contact avec mes anciens collègues de formation (ceux de C.F.S.D) dont j'ai parlé antérieurement, je corrige mes travaux de recherche sur et je revois mes projets de musique, mes compositions.

Ainsi, je repars, à zéro, vers : tout ce qui vient d'être exposé.

Cela dit, je crois avoir extirpé, de mes notes, la substantifique moelle afin de vous parler de mon parcours ici, au Québec. Je finis par vouloir ce ''bout d'Amérique'', riche d'abord pour son écosystème, pour ses places (*riches à leur tout leurs symboles*), pour les rêves, pour la littérature, les gens, pour l'ouverture, pour…..etc.

D'ailleurs après l'accident, je crois avoir pris la direction inverse : d'une part vers Baetz pour le C.F.S.D et d'autre part vers Petter pour le 'BaGaVa'. Je crois me trouver dans un endroit où je résume, au quotidien, ma philosophie d'engagement, du genre ''*je reçois ce que je donne* ! Je peux transformer un ''idée'' en succès ! *je peux contribuer à la construction de ce milieu, avec mes racines* !''.

Désormais, je sais que je peux effectuer, des 'SAUTS DE GÉANTS' entre: Cartahène qui a un bout de mon passé, ma petite ile de la

Caraïbe, ayant l'autre tranche de ma mémoire

et Québec, Québec-city, pour ce qu'elle

représente !.

SEBASTIEN CASTILLO XAVIER

UN MÉTIS AU CANADA: VOICI SA PETITE HISTOIRE!

Québec,

Montréal

Canada

2015

www.ingramcontent.com/pod-product-compliance
Lightning Source LLC
Chambersburg PA
CBHW081205280526
45787CB00006B/2335